中证中小投资者服务中心
China Securities Investor Services Center

证券期货纠纷调解案例评析
（2024 年）

夏建亭◎主编

上海交通大学出版社
SHANGHAI JIAO TONG UNIVERSITY PRESS

图书在版编目(CIP)数据

证券期货纠纷调解案例评析.2024年／夏建亭主编.
上海：上海交通大学出版社，2024.6. -- ISBN 978-7-313-30918-1

Ⅰ.D922.287.5

中国国家版本馆 CIP 数据核字第 2024FQ9103 号

证券期货纠纷调解案例评析(2024年)
ZHENGQUAN QIHUO JIUFEN TIAOJIE ANLI PINGXI(2024NIAN)

主　　编：夏建亭			
出版发行：上海交通大学出版社	地　　址：上海市番禺路 951 号		
邮政编码：200030	电　　话：021-64071208		
印　　制：常熟市文化印刷有限公司	经　　销：全国新华书店		
开　　本：787 mm×1092 mm　1/16	印　　张：9.5		
字　　数：153 千字			
版　　次：2024 年 6 月第 1 版	印　　次：2024 年 6 月第 1 次印刷		
书　　号：ISBN 978-7-313-30918-1			
定　　价：78.00 元			

前　言

　　投资者是市场之本，保护投资者特别是中小投资者合法权益，是资本市场践行习近平总书记关于以人民为中心的发展思想的具体体现。中国资本市场经过三十多年的高速发展，在市场规模、体系结构、发展质量和开放水平等方面取得了长足进步，而这一切都离不开投资者的积极参与。切实维护投资者合法权益，既是关系亿万百姓利益的民生工程，也是确保资本市场长期稳定发展的基础性工程。党的二十大也明确提出要"健全共建共治共享的社会治理制度，提升社会治理效能"，畅通和规范群众诉求表达、利益协调、权益保障通道，及时将矛盾化解在基层、化解在萌芽状态。

　　我国资本市场投资者数量已逾2亿，是全球规模最大、交易最活跃的投资者群体，他们始终与中国资本市场共担风雨、共同成长。其中，中小投资者居多，他们的风险识别和自我保护能力较弱，加之多层次资本市场快速发展、规模不断扩大、新业务大量增加，投资者与市场主体之间的纠纷持续增多。一方面，投资者的纠纷解决路径囿于向监管部门提起投诉，希望以行政力量介入来解决民事纠纷，然而这一方式不仅面临监管资源有限的问题，更受制于监管部门无法律依据直接处理民事纠纷的事实；另一方面，投资者如通过诉讼、仲裁解决纠纷的，则存在门槛高、成本高、耗时长、维权难的问题。可见，以调解方式化解证券期货市场纠纷既促进了监管转型也节约了司法资源、提高了解纷效率，能有效保护投资者特别是广大中小投资者的合法权益。

　　中证资本市场法律服务中心有限公司(下称法律服务中心)作为经中国证监会批准设立的、我国唯一跨区域跨市场的全国性证券期货纠纷公益调解机构，秉承"为民、勤廉、协同、高效"服务投资者理念，深入贯彻中央金融工作会议精神，全面落实新"国九条"，以实际行动落实落细习近平总书记"把非诉讼纠纷解决机制挺在前面"指示和"坚持和发展新时代'枫桥经验'精神要求"，扎实做好证券期货纠纷调解业务，推动形成资本市场司法救济之外的纠纷多元化解新路径，为维护投资者合法权益作出有益探索。成立以来，法律服务中心不忘初心，资本市场纠纷化解主渠道地位进一步巩固：一是通过明确受理范围、提高征询效率等方式提升纠纷受理能力和质量，全面承接资本市场纠纷；二是坚持做好调解主业，通过科技赋能以推进在线调解及"总对总"在线诉调对接，方便投资者依法维权；三是全面铺开损失测算，提升科学化解纠纷水平。值得一提的是，法律服务中心积极贯彻落实证监会与最高人民法院《关于全面推进证券期货纠纷多元化解机制建设的意见》，与全国98家高中级人民法院签署诉调对接合作协议，实现全国36个辖区全覆盖，推动上市公司虚假陈述纠纷等涉众型纠纷通过该机制实现标准化委托委派，纠纷化解质效不断提升。此外，法律服务中心依托自身开发的损失计算系统，与各地法院全面构建"损失计算+示范判决+纠纷调解"的上市公司虚假陈述纠纷化解全链条工作机制，显著提升该类纠纷的调解效率，有效维护了中小投资者的合法权益。

本书选取了近年来在调解工作开展过程中比较典型的案例进行剖析研究，旨在通过案例分析来阐明法律适用、剖析交易规则、交流调解技巧、提示投资风险等。案例类型覆盖证券纠纷、基金纠纷、期货纠纷、上市公司虚假陈述纠纷等各领域，希望对中小投资者维权、经营主体规范经营以及今后的纠纷调解工作具有一定的借鉴作用。由于编者水平有限，难免出现错漏之处，敬请各位读者、同行及专家批评指正。

目　　录

第五篇　理 论 研 究

第一篇　证券专题

案例1 融资融券业务通知告知机制案例
——两融强平引纠纷 合约条款莫轻视

周 慧[*]

引言

融资融券交易又称信用交易,是指投资者向具有融资融券资格的证券公司提供担保物,借入资金买入证券或借入证券并卖出的行为,分为融资交易和融券交易。融资交易简单来说就是借钱买证券。投资者预测证券价格要上涨而手头没有足够资金,向证券公司融资买入证券,到期前偿还本息。融券交易则是借证券来卖并以证券来归还。投资者预测证券价格将要下跌且手头没有证券,向证券公司融券卖出,次一交易日起可偿还相同种类和数量的证券并支付利息。融资融券合约期限从投资者实际使用资金或证券之日起开始计算,最长不超过6个月。合约到期前,投资者可申请办理展期,证券公司应对投资者的信用状况、负债情况、维持担保比例水平等进行综合评估,并根据评估结果决定是否同意展期,每次展期的期限不超过6个月。

在证券公司融资融券业务开展过程中,尤其是在合约到期申请延期、账户平仓前追加保证金的通知告知机制运转中,常常存在证券公司已切实履行通知告知义务而客户主张未收到通知信息的情形。外部规则针对证券公司在开展融资融券业务中的信息通知告知渠道与强度并未作出明确具体要求,证券公司依据与客户签订的业务合同的约定履行通知告知义务是否能被认定为充分勤勉尽职的标准不甚清晰。因此,证券公司信息通知告知情况成为两融投资者投诉的常见原因之一。

一、案情提要

2018年张某于某证券公司申请并开立了融资融券账户,开户资料齐全,风险承受能力等级为积极型,符合适当性要求。张某历史融资合约交易过程中,多次自主

---

* 中证资本市场法律服务中心内蒙古调解工作站调解员。

使用信用账户融资开仓、展期、还款等功能。

2022 年张某通过融资融券账户以自有资金及融资买入某股票。融资买入合约到期日为 2023 年 1 月 14 日。

2023 年 1 月 9 日至 1 月 13 日，证券公司通过软件提醒的方式，每日向张某推送两融合约到期信息以及到期未偿还，账户可能被采取平仓措施的消息。

2023 年 1 月 9 日、1 月 10 日、1 月 13 日，证券公司服务经理通过系统预留手机号联系张某，但均未接通。并通过微信语音方式尝试联系张某，被其解除微信朋友关系，服务经理继续尝试通过"添加好友"方式留言提示张某两融合约到期信息。

2023 年 1 月 14 日，张某融资融券账户合约到期，到期前张某未采取还款或申请展期，导致两融合约逾期。

2023 年 1 月 16 日，证券公司根据与张某签署的《融资融券业务合同》约定，张某两融账户合约期满未清偿，对该账户采取强制平仓措施，同时两融账户可用融资额度调整为 0 元。当日，证券公司经相关系统自动向上海交易所上报新增合约期满未清偿记录。

2023 年 8 月 8 日，证券公司已就张某两融账户合约期满未清偿的违约事项向交易所申报"结案"状态，张某进入行业内警戒名单。

二、主要争议

张某认为，证券公司未能及时通知其相关情况，擅自将两融账户平仓，同时被交易所列入警戒名单影响其后续信用交易，要求解除交易所警戒名单并赔偿损失。证券公司认为，对客户账户采取平仓措施符合《融资融券业务合同》约定，向交易所上报相关数据真实、准确，客户经济赔偿要求无依据，故无法满足张某诉求。故向当地调解中心申请调解。

三、调解过程及结果

调解员多次通过电话、邮件等方式向张某了解到，其长期居住国外，原在证券公司预留的手机号码丢失，客户经理多次变更，出于对财产安全考虑，不愿通过微信添加陌生人为好友，所以未接收到证券公司发送的合约到期提醒信息。但张某认为系统预留的邮箱是正常使用，证券公司可以发送邮件进行提示。目前自己的融资融券账户被强制平仓后，相关负债已了结，证券公司不应当将自己纳入"黑名单"，要求证券公司将自己从"黑名单"中移除。

调解员将张某的诉求情况告知证券公司后,证券公司对该事项展开了调查,而后表示,时任服务经理名下服务客户数千人,现任服务经理名下服务客户约100人,本次服务经理变更系为进一步提高客户服务体验。前期与张某沟通过程中,张某未质疑服务经理变更事宜,且未提出再次更换服务经理的需求,公司认为张某是知晓此事的。直到两融账户合约到期平仓后,张某才对服务经理变更提出质疑,显然是不合理的。

关于客户提出的解除交易所警戒名单和赔偿其经济损失的诉求,证券公司认为,证券经营机构需对资信不良、有违约记录的融资融券客户如实记录,并将融资融券等信用交易中的违约失信信息(包括被采取强制平仓信息)报送至交易所,所通报信息仅供各机构在决定是否向投资者提供信用业务服务时参考。各机构可自主决定是否对被通报的投资者提供信用服务。此外,依据张某与证券公司签订的《融资融券业务合同》,该笔合约到期前,证券公司已通过多种途径联系张某告知合约到期信息。当融资融券合同期满且未能展期或顺延的,证券公司有权根据本合同约定采取强制平仓等违约处置措施,收回融资融券债务。所以公司认为客户经济赔偿要求无依据,不予满足。

本案中,双方的争议焦点在于:一是张某融资融券账户合约期满,证券公司是否有权采取强制平仓等违约处置措施?二是在融资融券业务当中,证券公司如何切实充分履行通知告知义务?三是张某因违约被纳入交易所警戒名单,证券公司是否需要承担责任?

(一)张某融资融券账户合约期满,证券公司是否有权采取强制平仓等违约处置措施?

《上海证券交易所融资融券交易实施细则》第18条及张某与证券公司签订的《融资融券业务合同》均规定,证券公司与客户签订的融资、融券期限自客户实际使用资金或使用证券之日起计算,融资、融券期限最长不得超过6个月。合约到期前,证券公司可以根据客户的申请为其办理展期,每次展期的期限不得超过6个月。融资融券合同期满且未能展期或顺延的,客户应及时了结融资融券合约,清偿融资融券债务;否则,证券公司有权根据《融资融券业务合同》约定采取强制平仓等违约处置措施,收回融资融券债务。

本案中,张某于2022年通过融资融券账户以自有资金及融资买入某股票,融资买入合约到期日为 2023 年 1 月 14 日,合约期限即将届满时,证券公司多次向张某发出提醒,张某均未采取任何措施,直至合约期限正式届满,张某仍然没有偿还负债亦未申请展期,证券公司便依照约定进行了强制平仓。因此证券公司这一行为符合规定,无不妥之处。

（二）在融资融券业务当中,证券公司如何切实充分履行通知告知义务?

对于适用于全体融资融券业务客户的事项如融资融券利率与费率、融资融券收费标准及其变动、客户可融资买入和融券卖出的证券种类、保证金比例、最低维持担保比例等业务指标,证券公司通常依据监管要求通过营业场所、官网等进行公示,并通过融资融券业务合同约定上述公示通知、告知送达效果。

对于类似融资融券合同期满、追加保证金、融资融券授信额度等仅适用于特定客户事项的通知、告知方式监管规则未进行明确要求,仅规定证券公司应在融资融券业务合同中与客户明确约定方式。对于上述未有明确通知方式要求的信息,证券公司与客户常见的约定通知方式包括通过证券公司交易系统通知、电话通知、手机短信通知、EMS 邮寄通知等。此外,证券公司通常同时在融资融券业务合同中与客户约定相关通知、告知以证券公司在一定条件下单方作出通知、告知动作即视为通知、告知送达。

由此可见,证券公司融资融券业务相关通知、告知机制的建立与实现在很大程度上依赖于融资融券业务合同的约定。本案中,张某（“甲方”）与证券公司（“乙方”）签订的《融资融券业务合同》中约定,“融资、融券期限从甲方实际使用资金或使用证券之日计算,最长不得超过 6 个月,融资融券合同期满且未能展期或顺延的,甲方应及时了结融资融券合约,清偿融资融券债务;否则,乙方有权根据本合同约定采取强制平仓等违约处置措施,收回融资融券债务”,证券公司“可根据甲方（张某）在本合同《甲方联系信息表》中提供的联系方式,通过如下一种或几种方式将本合同第 81 条①约定的有关信息通知甲方:乙方交易系统通知、电话通知、手机短信通知、EMS 邮寄通知等”。“甲方承诺有义务随时通过本合同约定的方式关注并了解自身信用账户情况、乙方通知、公告等所有可能或已经对甲方权益产生影响的信

---

① 《融资融券业务合同》第 81 条　乙方对如下仅适用于甲方的事项,可通过第 82 条约定的一种或多种方式单独通知甲方:（一）甲方融资融券授信额度信息;（二）甲方融资利率、融资费率、交易手续费率及其他相关费用信息;（三）有关采取补交担保物及强制平仓等的相关信息;（四）其他仅适用于甲方的信息。

息或资料;对于非乙方原因造成甲方未能及时收到或知悉本合同约定各项公告或通知内容,由甲方自行承担"。

综上所述,证券公司按照合同约定单方面完成通知、告知行为后,即视为已送达,发生送达效力,而无论客户是否实际接收成功。因此,调解员建议证券公司在通知、告知条款与送达效力条款向客户充分解释的同时,还应在通知、告知方式条款约定上充分考量通知、告知途径的有效性,以确保针对相关格式条款的解释工作有理有据。同时告知张某,应在办理融资融券业务前,详细了解两融相关业务规则;在办理融资融券业务后,及时关注交易所及证券公司公布更新的两融标的情况、了解融资股票盈亏状况、全面掌握证券市场信用账户风险。

（三）张某因违约被纳入交易所警戒名单,证券公司是否需要承担责任?

根据《上海证券交易所融资融券交易会员业务指南（2010年修订）》《上海证券交易所证券交易业务指南第9号——融资融券交易业务》的有关规定,"会员应当建立客户档案管理制度,对资信不良、有违约记录的融资融券客户,会员应当记录在案,并应在每个交易日22:00前通过交易通信系统向本所报送有关融资融券违约记录数据,报送数据中违约类别包括四类:一是客户未按规定补足担保物;二是合约期满客户未清偿债务;三是客户提供虚假信息;四是会员与客户发生司法纠纷。违约记录申报类别包括:新增、撤销和结案"。例如,客户当日出现合约期满未清偿债务,则当日应将该条记录按照新增类别进行申报。三日后该客户清偿债务,则应按照结案类别进行申报。客户违约持续期间可以不用每日申报该条记录。一月后该客户又出现合约期满未清偿债务,则应再次按照新增类别进行申报,以此类推。

本案中,张某融资融券账户合约期满未清偿且该事项已结案为已存在的客观事实,证券公司负有向交易所真实、准确、完整报送数据的义务。后续调解员向上海证券交易所、深圳证券交易所会员部咨询了解到,"撤销"只适用于证券公司报错信息需要撤销的情形,这里显然是不符合条件的。但所通报信息仅供各经营机构在决定是否向投资者提供信用业务服务时参考,各经营机构可自主决定是否对被通报的投资者提供信用服务。

对于上述行业惯例,调解员认为此举是经营机构督促投资者遵约守信的一种手段,对促进行业健康发展具有积极意义,且符合规定,无不妥之处。随后,调解员向张某详细说明情况,耐心解释法律法规,并提示他应当注重信用业务风险,珍惜自身信誉,时刻关注履约事宜,切勿因一时疏忽让自己陷入失信阴影,给自身带来不必要的麻烦。张某表示认可,且言语之间透露出对自己忘记合约一事的悔恨之意,主观上存在一定的守约期待,其未来失信的可能性较小。

四、案例启示

从证券公司的角度出发,在为投资者提供服务和开展投资者教育时应关注:

（一）强化机构管理责任　落实适当性义务

由于证券期货交易具有特殊性、产品业务的专业性强、法律关系复杂等特点,各种产品的功能、特点、复杂程度和风险收益特征又千差万别,而广大投资者在专业水平、风险承受能力、风险收益偏好等方面都存在很大差异,对于金融产品的需求也不尽相同。因此,投资者适当性制度作为投资者保护理念的具体应用,是证券监管中需要强化和落实的重要一环,其核心目标是督促证券公司更好地履行适当推荐义务,将适当的证券产品或服务推荐给适当的投资者。主要表现在,① 了解投资者并对其进行分类;② 了解产品或服务,并对其进行风险分级;③ 对投资者和产品进行分配,将合适的产品或服务销售给合适的投资者;④ 告知信息、提示风险并留痕。对于与投资者利益密切相关的规定,应在投资者开户时对其签订的格式合同着重进行具体、全面的风险揭示和投资者教育,特别是对与公司自身规定与证监会、交易所规定不一致的部分内容,应重点予以强调,避免双方发生纠纷。

（二）完善落实证券公司通知告知机制

通常证券公司作出通知告知动作后已根据合同双方约定履行了相关通知告知义务。但为了避免出现仅使用单一通知方式且未能成功联系投资者情形进而引发的纠纷。证券公司应当从以下方面完善自身通知、告知建设机制:一是细化内部操作要求,丰富通知告知渠道,建议采取两种及以上方式开展通知、告知工作,并在格式合同签署时单独列明,并提示客户确认。日常加强与客户联系、增加客户黏性。二是强化沟通留痕要求,切实做好重大信息通知、告知的沟通留痕工作。三是随着科技金融的深入发展,投资者对交易系统的使用率显著增加,通过交易软件掌握自身交易情况已成为投资者的日常做法。鉴于此,证券公司可以逐步优化交易软件通知、告知功能,引导客户通过电子签名点击确认通知内容,强化线上通知留痕效果。

（三）加强中小投资者保护和教育工作

中小投资者是我国现阶段资本市场的主要参与群体,但处于信息弱势地位,抗风险能力和自我保护能力较弱,合法权益容易受到侵害。因此,投资者教育工作是一项长期性、系统性的大工程。维护中小投资者合法权益是关系广大人民群众切身利益,是资本市场持续健康发展的基础。证券公司应当从以下方面做好投资者保护和教育工作:一是进一步完善规章制度和市场服务规则,建立执业规范和内部问责机制,销售人员不得以个人名义接受客户委托从事交易;明确提示投资者如实提供资料信息,对收集的个人信息要严格保密、确保安全,不得出售或者非法提供给他人。严格落实投资者适当性制度并强化监管,违反适当性管理规定给中小投资者造成损失的,要依法追究责任。二是建立完善纠纷多元化解机制。证券公司应当承担投资者投诉处理的首要责任,完善投诉处理机制并公开处理流程和办理情况。支持投资者运用调解方式与市场经营主体协商解决争议。三是强化中小投资者教育,加大普及证券期货知识力度,提高投资者风险防范意识。在向投资者提供服务前做好事前宣导工作,宣示违约失信风险,强化其守约意识,促进双方顺利合作,避免失信纠纷的发生。

从投资者角度出发,在参与证券交易时应关注:

1. 养成良好的投资习惯

主动加强证券知识学习,加强对金融产品的了解和认识,熟悉所投资产品的收益风险特征,不参与不熟悉与自身风险承受能力不匹配的产品和服务。主动了解学习证监会、交易所的相关规则,以及自己所在公司的相关交易规则和规章制度。此外,应及时关注账户交易情况、合约到期时间、资金变动等重要提示。如重要信息(联系方式、通许地址等)发生变更,应主动与证券公司联系修改,以免合法权益受损。

2. 合法维护自身权益

投资者应了解和重视自己的合法权益,在交易过程中遇到问题时,应理性看待,及时与证券公司联系沟通,理性表达利益诉求,必要时积极配合,尽可能在最短的时间内有效解决。另外,要树立全面知权、积极行权、理性维权的意识,当合法权益受到侵害时,可以选择调解、仲裁、诉讼等多元化解方式保护自己。

案例2　三方引流新渠道　合规界限要划清

刘　航*

引言

随着互联网技术的飞速发展,越来越多的证券公司开始寻求与第三方平台合作,以实现客户引流和业务拓展,第三方平台引流已成为证券公司业务发展的重要途径。

（一）互联网技术的飞速发展

互联网技术的飞速发展为证券公司与第三方平台合作提供了技术基础。互联网技术的发展使得信息传播更加迅速、便捷,为证券公司通过第三方平台进行引流提供了可能。移动互联网的普及使得投资者可以随时随地获取金融信息、进行证券交易。证券公司普遍通过第三方平台进行引流以达到拓展客源,同时更好地满足投资者需求,进而提高客户黏性的目的。

（二）大数据和人工智能技术的应用

大数据和人工智能技术的应用使得证券公司可以更精准地分析客户需求、优化服务流程,提高引流效果。通过与第三方平台合作,为证券公司利用这些技术手段提升服务质量,吸引更多的客户提供了方便。

（三）证券行业竞争加剧

随着证券行业竞争的加剧,证券公司面临着越来越大的客户获取压力。通过与第三方平台合作进行引流,证券公司可以在更广阔的市场中获取客户,提高市场份额。同时投资者的需求日益多样化,证券公司需要提供更加个性化、便捷的服务。通过与第三方平台合作,证券公司可以拓宽服务渠道,满足客户多样化需求,提高客户满意度。

本案例分析旨在通过深入分析因第三方引流而引发的纠纷案件,揭示该领域内存在的问题与挑战,从而为完善相关法律法规、规范行业行为、保护投资者权益提供实证依据和参考建议。

---

* 四川省证券期货业协会工作人员。

一、案情概要

投资者 H 某是一家证券经营机构的客户,H 某称该机构与某金融职业技能培训学校存在合作关系,在该学校的诱导下,他于 2020 年在上述证券经营机构开立了证券交易账户,同年 12 月投资者向该学校支付了几千元购买了相关培训课程,随后该学校将 H 某拉入微信服务群,并不定期在群内推荐 ETF 基金指导群员进行操作,但实际购买后不但没有盈利反而造成了约五十万元的亏损。H 某向该学校投诉反映后仅同意退还其缴纳的购课费,未就亏损部分作出赔偿。H 某同时就此事与开户的证券经营机构进行沟通,机构回复公司与该学校仅有推广其公司交易系统APP 的广告宣传合作,并没有其他合作,故不愿承担投资者的亏损。H 某不认可,即向证监会 12386 平台投诉,认为机构未尽到监督管理职责,要求赔偿损失 50万元。

二、主要争议

双方当事人选定调解员之后,中证资本市场法律服务中心四川调解工作站积极协调调解员开展调解工作,经与双方当事人沟通及双方提供的证明材料来看,双方争议的焦点主要体现在:① 该证券经营机构是否应对某金融培训学校指导 H 某买卖 ETF 有监督权;② H 某的损失证券经营机构是否负有连带责任。

三、调解过程及结果

接到案件后,调解员认真阅读案卷材料,了解基本情况之后,通过视频会议的形式进行调解。

H 某认为:一是该证券经营机构与该金融职业技能培训学校存在合作关系,他在学校的推广下在证券经营机构开户,证券经营机构在开户后,从未回访过自己,未尽到相应职责。同时,该学校的 Y 某以"带着上一批客户赚了钱"为由诱导他向该学校支付服务费,在长达两年的时间中在该学校的"指导"下频繁买卖 ETF 基金,从而造成账户投资亏损。对此证券经营机构应该知情,因为前期建立了含证券经营机构、培训学校、投资者的开户群。二是该学校在微信群内指导群员操作的 Y 某无基金从业资格、无证券投资顾问资格,却通过各种方式推荐购买基金产品,而作为合作方的证券经营机构未尽到相应的监督管理责任,导致在长达两年的时间内频繁交易导致亏损约 50 万元,并且该学校的老师后期已经联系不上了,故要求该证券经营机构赔偿投资损失。

证券经营机构认为：一是在开立证券账户回访的时候，投资者明确表示是自愿开户，公司对该学校向投资者收费并在群内推荐 ETF 基金的行为并不知情，因为最初建立的群仅为开户群，群内并没有发现公司工作人员有向投资者推荐股票或者基金的行为。二是机构与该学校的合作只有推广其公司开户交易 APP 的广告合作协议，不存在除此之外的其他合作内容，更没有荐股及基金投资方面的合作，同时协议条款中没有对该学校收费指导操作基金的行为有监督管理权利，故不应承担客户的投资损失。

随后，调解员要求证券经营机构提供了与培训学校签署的推广合作协议及对应的宣传内容呈现等证据，调解员查阅后再次组织调解。

第二次调解中，调解员就争议焦点事项引导双方进行了沟通：① 调解员向投资者说明机构与培训学校签署的协议中主要目的是推广 APP，服务条款中有对乙方进行有关资格审查，对乙方的服务方案进行调整并监督执行，但协议中并没有约定机构对培训学校的基金、课程推荐行为有监督管理权力。② 调解员询问投资者培训学校是否是在机构与培训学校的开户群里推荐基金股票，投资者表示并不是在机构与培训学校的群里推荐的，而是培训学校单独建立的服务群中推荐的，机构也表示没有工作人员在此群中。故调解员告知投资者，鉴于此情况，没有足够的证明材料表明机构参与了课程及 ETF 基金的推荐。③ 调解员询问投资者证券经营机构的员工是否向投资者推荐过基金股票，投资者表示没有购买过机构推荐的基金股票。调解员总结：协议中并没有约定机构对培训学校的课程及 ETF 基金推荐行为有监督权力，同时证券经营机构的员工并未在群里向投资者推荐 ETF 基金。对此，H 某表示认同。

最后，H 某要求证券经营机构承担部分投资损失。机构考虑到 H 某为本公司客户，为了安抚情绪愿意给予一定的慰问金，H 某表示不接受此和解方案，由于双方分歧较大，最终调解失败。

四、案例思考和启示

随着券商互联网业务的稳步推进，证券行业普遍面临"获客"难题。证券机构通过第三方引流开户需求逐步增加，然而，在第三方引流的过程中，证券公司尤其需要注意一些要点，以确保合作的合规性、安全性和有效性。通过此案例，结合证券法《证券经纪业务管理办法》《证券经纪业务管理实施细则》等，对三方"获客"流

程做如下完善建议:

（一）精准把控第三方的业务范围

1. 合规性

《证券经纪业务管理办法》规定:证券公司从事证券经纪业务,可以选择新闻媒体、互联网信息平台等第三方载体投放广告。2023年6月9日发布并施行的《证券经纪业务管理实施细则》也明确规定:证券公司选择新闻媒体、互联网信息平台等第三方载体投放广告的,应当与第三方载体签署协议。协议中应当明确约定,第三方载体仅可发布经过证券公司审核的材料,且不得以个人名义或第三方载体名义宣传证券公司业务、代证券公司招揽、服务投资者。投资者招揽、接收交易指令等证券业务的任一环节,应当由证券公司独立完成,第三方载体不得介入。实际工作中,机构一是应制定严格的渠道引入标准,审核合作方的业务资质如营业执照、金融业务许可证及过往记录等,除合作协议之外,是否会有与合作内容可能存在利益关联的地方,并就相关风险点及时提醒告知客户;二是可以对合作平台的业务操作及投放的宣传材料进行实地考察;三是可以通过回访向引流投资者了解该合作机构是否有违规行为,定期对合作平台的合规性进行有效评估;四是应确保引流业务符合相关法律法规和行业规定,例如应避免涉及虚假宣传、误导投资者等违规行为。

2. 安全性

证券公司在第三方引流过程中,需要特别关注客户信息安全,确保客户信息不被泄露。在与第三方平台合作过程中,应注意防范网络风险,建立完善的风险防范机制,包括数据备份、安全监测、应急处理等措施,以确保业务的稳健开展。

3. 有效性

证券公司在开展第三方引流业务前,可以对第三方平台的引流能力进行评估,如从平台的用户规模、用户质量、推广资源等方面进行综合评估,以确保合作平台的引流能力。

4. 优化引流策略

证券公司应该根据市场变化和客户需求,不断优化第三方引流策略,创新服务模式,通过调整推广内容、优化服务流程等方式,提高引流效果,提高客户满意度。

（二）加强客户回访

1. 定制回访内容

在第三方引流过程中,证券公司需要关注客户体验,确保客户满意度。针对通过三方引流开户的客户可考虑制定专门的新开户回访话术,对新开户客户侧重回访引流过程中是否存在第三方虚假、不实或误导性的宣传行为,是否有向投资者承诺收益及承担损失的行为,是否有意见或建议等。通过客户回访,一方面证券公司可以了解客户的需求和期望,为客户提供更加个性化的服务。客户回访可以帮助证券公司了解客户对第三方引流服务的满意度,及时解决客户问题,加强证券公司与客户的沟通,提升客户忠诚度,提高客户留存率;另一方面能了解是否有第三方人员存在违规行为,确认客户购买服务的自愿性、自主性,也能进一步向投资者揭示风险。所以,回访是提前发现和处置潜在风险的重要措施。

2. 增加回访方式

日常工作中,电话回访、邮件回访、短信回访是最常见的回访方式,可以直接与客户进行沟通,了解客户需求和满意度。但除上述回访方法之外,证券公司还可以考虑通过交易 APP 中增加在线回访,增加客户留言功能等,通过网络平台与客户进行实时沟通,提高回访效率。

在证券公司第三方引流过程中,客户回访是提高客户满意度和留存率的重要手段。证券公司应重视客户回访,优化回访方式、内容和策略,确保客户回访的效果。未来,证券公司在与第三方平台的合作过程中,更应注重风险防范和合规经营,打造具有竞争力的金融服务品牌。

（三）强化基金销售营销留痕管理

1. 营销留痕目的

营销人员在向客户做基金销售时,应主动告知投资者自己的执业证书编号,方便客户查询验证,同时应对基金营销过程如实完整地进行留痕,特别是购买高风险产品或金额较大的订单客户更应该做好留痕管理。合规人员应及时检查相关留痕,了解员工是否有违规行为。通过营销留痕管理,证券公司一是可以确保基金销售业务的合规性,防范合规风险;二是可以提高基金销售业务的透明度,使投资者更加了解产品的风险和收益情况;三是证券公司可以了解客户的需求和反馈,优化客户服务。

2. 营销留痕内容

证券公司应制定明确的营销留痕标准,确保留痕的规范性和一致性,同时应对员工进行营销留痕培训,提高员工的留痕意识和技能。留痕中要重点记录基金销售过程中的营销活动,包括宣传资料、推介会议、电话沟通、推荐聊天记录等。证券公司也应定期对营销留痕进行检查,对电子留痕或纸质留痕进行梳理,确保留痕的真实性和完整性。

在证券公司基金销售业务中,强化营销留痕管理是确保合规经营的重要手段。证券公司应重视营销留痕管理,优化留痕方式、内容和策略,确保基金销售业务的合规性和适当性。

（四）加强员工教育

在证券公司第三方引流的过程中,员工教育是提高员工执业素养和客户满意度的重要手段,证券公司应重视员工教育,优化教育培训方式、内容和策略,确保员工教育的效果,也可以建立相应的激励机制,鼓励员工积极参与教育培训,提高员工的主动学习意识。证券机构日常有关业务知识、服务技巧、法律法规等方面的培训应落实到位,确保员工具备足够的业务知识、服务能力以及合规意识。同时,对于从业人员禁止性行为应当强化教育,确保从业人员入脑入心。严禁无基金销售资格或无投顾资格的人员开展相应业务,同时加强监管处罚案例的学习,切实做到以案促醒、以案促改。

（五）加强投资者保护

随着证券法中加入了"投资者保护"专章,强调了投资者权益保护,证券公司应监管部门要求开展了一系列投资者教育活动,但是证券公司应当把投资者教育从由监管部门要求向自身发展需求来转变。

1. 创新投资者教育方式

投资者教育是投资者保护的重要手段,证券公司可以创新投资者教育方式,如通过组织线下培训课程、线上在线学习、投资者沙龙活动等让投资者可以有一个相互交流学习的平台。不仅能帮助投资者了解金融市场、投资产品以及风险知识,同时也能增加客户的归属感与获得感。

2. 完善投资者适当性管理

证券公司应当建立更完善的风险评估体系,真正做到充分了解投资者的基本情况、财产状况、金融资产状况、投资知识和经验、专业能力等相关信息，如实说明证券、服务的重要内容，充分揭示投资风险。确保投资者购买与其风险承受能力相匹配的产品。严禁向投资者提供风险测评问卷答案，也不能让投资者觉得随意填写风险测评问卷无伤大雅，一旦测评结果超过投资者实际风险承受能力，就容易给投资者造成无法估量的损失。

投资者也应主动加强自身对资本市场知识的学习，通过第三方平台引流开户的，要厘清机构方与其合作的第三方在业务资质上的区别，要明白"股市有风险、投资需谨慎"并不仅仅是一个口号，投资者自身要客观评价自身的风险承受能力，对能够承受的投资损失也要有一个清醒理性的认知，不轻信承诺投资收益等行为，在投资前认真评估自身资金来源、经济状况、市场行情、投资标的、风险收益等，在此基础上理性做出投资决策。

案例 3 证券公司单方变更格式合同
条款纠纷调解评析

张浩波[*] 赵红豆[**]

一、纠纷背景

(一) 案情简介

自然人 A 系甲公司融资融券业务客户,因对甲公司通过公告的方式单方变更融资融券合同条款不满而提起诉讼。诉讼过程中,A 客户提出,《中华人民共和国民法典》(以下简称民法典)第 543 条的规定:"当事人协商一致,可以变更合同。"甲公司擅自变更合同重大计息条款,未与客户协商,属于违背客户意愿强加于客户的条款,严重损害了公共利益,因此变更后的条款不属于合同内容。

甲公司认为,与 A 客户最初签订的融资融券合同中载明:"根据乙方(即甲公司)融资融券业务发展情况、市场发展需求或国家有关法律、法规、准则等变更,乙方有权修改或增补本合同内容。修改或增补的内容由乙方通过本合同第 12 节规定的公告方式告知甲方(即客户),甲方在公告后 2 个交易日内未至分支机构书面提出异议,视为认可本合同修改或增补的内容,并按修改后的合同内容执行;甲方若对公告有异议,可自行了结负债后终止合同。"合同第 12 节约定:"第 97 条 乙方对如下适用于所有融资融券客户的事项,可通过第 98 条约定的公告方式公布:……(四)融资利息、融券费率……第 98 条 乙方对适用于所有融资融券客户的事项,有权采取如下一种或多种方式进行公布:……(三)通过乙方官方网站公布……乙方以上述任何一种方式发布的公告,自公告发布之日起即视为已送达甲方,并产生法律效力。"甲公司已经根据合同约定履行了通知义务,A 客户未提出异议,因此变更后的合同内容应当约束 A 客户。

＊ 国联证券股份有限公司法务经理。
＊＊ 国联证券股份有限公司法务经理。

（二）争议焦点

甲公司通过公告的方式单方变更格式合同条款,变更后的条款是否对 A 客户发生约束力?

（三）调解过程

因 A 客户的核心诉求并非与甲公司讨论法律适用,且争议条款的内容在变更前后无实质性变化,法院在组织调解的过程中一方面抓住 A 客户的核心诉求,引导 A 客户对合同变更无须再行争议;另一方面指导甲公司回应 A 客户的核心诉求,并提示在合同变更的过程中需要注重保障客户权益。最终在解决主要矛盾的前提下,A 客户撤回对甲公司的起诉。

二、理论探讨

虽然本次纠纷在法院的组织下得以妥善化解,但是对于纠纷处理中暴露出来的争议焦点,仍有必要进行法律层面的分析。对争议焦点进一步拆解,可以提炼出两个问题: ① 提供方通过格式条款赋予自身单方变更合同条款的权利,该种单方变更条款本身是否有效? ② 倘若有效,变更后的合同条款是否约束另一方并有效?考虑到无论是单方变更条款,还是变更后的合同条款,均仍属于格式条款,①因此对上述两个问题的解答,首先要回到格式条款成立与有效的评价体系内。

（一）格式条款的订入控制与内容控制

鉴于格式条款提供方存在利用优势地位制定不公平条款的天然动机,立法对格式条款进行了特殊控制,体现在民法典第 496 条第 2 款的订入控制、第 497 条的内容控制(以下合称“双重控制”)和第 498 条的不利解释规则。所谓订入控制(或称订入规则),是指格式条款是否在当事人之间成立,通常涉及事实判断问题,解决的是某个条款是否在当事人之间产生约束力;而内容控制(或称效力规则)着眼于条款内容是否符合法律的公平性要求,是法律评价和价值判断问题,解决的是某个条款有无效力。

1. 订入控制

订入控制规定在民法典第 496 条第 2 款:“采用格式条款订立合同的,提供格式

---

① 学理上存在将核心给付条款排除在格式条款范畴之外的观点(宁红丽:《平台格式条款的强制披露规制完善研究》,载《暨南学报(哲学社会科学版)》,2020 年第 2 期。),考虑到司法实践中并未就此进行专门区分,而是通过内容控制进行效力评价,故本文立足实践,暂不对此种情形进行单独讨论。

条款的一方应当遵循公平原则确定当事人之间的权利和义务,并采取合理的方式提示对方注意免除或者减轻其责任等与对方有重大利害关系的条款,按照对方的要求,对该条款予以说明。提供格式条款的一方未履行提示或者说明义务,致使对方没有注意或者理解与其有重大利害关系的条款的,对方可以主张该条款不成为合同的内容。"其要求格式条款提供方应当履行主动提示与被动说明义务①。不久前刚出台的《最高人民法院关于适用〈中华人民共和国民法典〉合同编通则若干问题的解释》(以下简称《合同编通则解释》)对订入控制的内容进行了限缩,将提示与说明的对象限定在"异常条款"(详见下表):

民法典第 496 条第 2 款	合同编通则解释第 10 条第 1 款
……采取合理的方式提示对方注意免除或者减轻其责任等与对方有重大利害关系的条款……	……采用通常足以引起对方注意的文字、符号、字体等明显标识,提示对方注意免除或者减轻其责任、排除或者限制对方权利等与对方有重大利害关系的异常条款的……

对提示与说明对象的限缩从表面上看似乎是对格式条款提供方的利好内容,但显然并没有降低实操的负担。实践中已经出现显著提醒被过度使用,导致显著信息不明确的现象。② 在北京爱奇艺科技有限公司与吴声威网络服务合同纠纷案中(以下简称爱奇艺案件),法院更是以"为履行提示义务而标注的下划线的文字,比不标注下划线的文字多出一倍"为由,认定爱奇艺未履行合理的提示义务。③ 最高人民法院也充分认识到实操中具体化的需求——"实践中,有不少呼声提出希望本司法解释对'与对方有重大利害关系的条款'作出规定"④——但囿于合同内容纷繁复杂,很难作列举式规定,因此只能通过目的性限缩解释归纳出"异常条款"的核心特征,即相对方如果知道该条款的存在,就不会订立合同,或者会订立不同内容的合同。⑤

①　特殊领域的说明义务系主动义务(如《中华人民共和国保险法》第 17 条),因与证券公司无涉,本文暂以民法典之规定进行表述。
②　宁红丽:《平台格式条款的强制披露规制完善研究》,载《暨南学报(哲学社会科学版)》,2020 年第 2 期。
③　参见北京市第四中级人民法院(2020)京 04 民终 359 号,此案例位列 2020 全国法院十大商事案例之首,个中观点多为合同编通则解释所吸收,颇值研究。
④　最高人民法院民事审判第二庭、研究室编著:《最高人民法院民法典合同编通则司法解释理解与适用》,人民法院出版社 2023 年版,第 133 页。
⑤　殷秋实:《〈民法典〉第 496 条(格式条款的定义与订入控制)评注》,载《中国应用法学》2022 年第 4 期。

值得注意的是,学理上存在将核心给付条款排除在格式条款范畴之外的观点,[1]若其不属于格式条款的规制对象,自然无须遵循订入控制与接下来的内容控制。

2. 内容控制

内容控制规定在民法典第 497 条:"有下列情形之一的,该格式条款无效:(一) 具有本法第一编第六章第三节和本法第 506 条规定的无效情形;(二) 提供格式条款一方不合理地免除或者减轻其责任、加重对方责任、限制对方主要权利;(三) 提供格式条款一方排除对方主要权利。"内容控制是对条款本身的效力性评价,当其不满足合同有效性的一般性内容或者针对格式条款效力的特殊评价内容时,该条款无效。针对内容控制条款,民法典在原合同法第 40 条的基础上增加了"不合理"的限定,即认为合理地免除或减轻提供方责任、合理地加重对方责任、合理地限制对方主要权利是为法秩序所允许的。[2] 但对于证券公司而言,能否适用此类合理豁免,仍存在疑问。究其原因在于,在某类业务中,倘若客户被认定为金融消费者,则相关条款或将受到消费者权益保护的特别规制。《中华人民共和国消费者权益保护法》(以下简称消保法)第 26 条第 2、3 款对无效内容进行了特别规定,既未提供合理豁免,又未区分主要权利(如下表所示):

民法典第 497 条第 2、3 项	消保法第 26 条第 2、3 款
不合理地免除提供方责任	免除经营者责任
不合理地减轻提供方责任	减轻经营者责任
不合理地加重相对方责任	加重消费者责任
不合理地限制相对方主要权利	限制消费者权利
排除相对方主要权利	排除消费者权利

在不考虑立法技术进步的前提下,这种区别可能是有意为之。同样是格式条款,商事交易当事人与民事交易当事人之间的缔约能力存在显著区别,更不用说一

---

[1] 解亘:《格式条款内容规制的规范体系》,载《法学研究》2013 年第 2 期。

[2] 最高人民法院民法典贯彻实施工作领导小组主编:《中华人民共和国民法典合同编理解与适用》,人民法院出版社 2020 年版,第 251 页。

方是经营者,一方是消费者的场合。民法典对格式条款的内容控制,普遍适用于商事交易和民事交易;而消保法对格式条款的内容控制,是在前述普遍控制的基础上,对消费者的倾斜性保护。问题回到客户身份的界定,何种客户会被认定为金融消费者,何种不会?① 这是另一个庞杂的问题,本文暂且不表。目前来看司法实践中稍有共识的是,对金融消费者的认定取决于客户的缔约能力,且不局限于自然人客户。② 因此,内容控制需要结合客户身份作进一步区分,若客户不是金融消费者,则内容控制仅需满足民法典之要求;若客户为金融消费者,则内容控制或需满足消保法的特殊规定。

(二) 单方变更条款未加重相对方责任,应属有效

证券公司在展业过程中,为适应来自法律、监管规则或者自身业务发展的变化,及时调整合同条款显属必要。在电子商务领域,司法实践同样承认格式条款提供方赋予自身单方变更权利的必要性和合理性。

既然格式条款提供方设定单方变更条款有其必要性和合理性,那么如何防止格式条款提供方利用此种变更肆意侵害相对方的权利,就成为实务中必须面对的难题。在设计单方变更条款时,格式条款提供方存在不加限制地变更所有条款的天然倾向,以此为后续变更提供基于契约产生的正当性基础。有学者称前者为空白条款,与之相对的,附加限制的变更则称为具体条款。③ 前述爱奇艺案件中,爱奇艺提供的单方变更条款即为典型的空白条款:"爱奇艺有权基于自身运营策略变更全部或部分会员权益、适用的用户设备终端。"作此种区分的意义在于,空白条款是否满足公平原则?实践中经常忽略的是民法典订入控制条款的前半句:"提供格式条款的一方应当遵循公平原则确定当事人之间的权利和义务",最高人民法院在对

---

① 就证券公司而言,通过业务类型来区分虽然简便,但效果有限。业务类型或许只能用来排除特定业务项下的客户一定不是金融消费者,而无法肯定性识别特定业务项下的客户一定是金融消费者。比如同样是信用业务,质押式证券回购交易中的个人客户主要为上市公司大股东,不存在缔约能力缺陷,因此该类个人客户寻求格式条款的保护会被法院驳回,参见上海市高级人民法院(2021)沪民终 300 号;而融资融券交易中的客户既有机构、又有自然人,不能一概认为融资融券业务中的客户均为金融消费者,但法院倾向于认定融资融券交易中的个人客户为金融消费者,参见上海金融法院发布典型案例之四:《合理界定金融消费者的保护限度——张某与某证券公司证券认购纠纷案》。

② 参见黄伟峰:《买了金融产品就是金融消费吗?银行应如何保障金融消费者的权利?》,最高人民法院司法案例研究院微信公众号 2022 年 7 月 7 日发布,https://mp.weixin.qq.com/s?src=11&timestamp=1708329625&ver=5089&signature=BNqcQBmECwiWxXWHRryRGPC2RtFNSqgFAWtMDUwU1J1m9E1z-AJYMRZYdmAZ87wTkhj9FXv6h8GGfEIXbAOoofH*ZL85*SMOlaytX7HLhmKudmhyPXZOd9ngDQwvpJ*D&new=1,最后访问时间2024 年 2 月 19 日。

③ 张晓梅、周江洪:《格式条款提供者的单方变更问题研究》,载《浙江大学学报(人文社会科学版)》2022 年第 10 期。

该条款的解释中未予展开阐述,因其"比较抽象"①。尽管有学者认为空白条款不满足公平原则,应当否定其效力,②但司法实践作出了截然相反的判断。爱奇艺案件中,法院认为空白条款本身不存在法律规定的无效事由,对相对方提出的确认无效请求不予支持。同样的观点在法院评价证券公司单方变更融资融券合同、质押式证券回购协议时也有体现。③ 个中原因在于,单方变更条款本身并不会损害相对方权益。即便是上述空白条款,在格式条款提供方未行使变更权利时,难谓空白条款本身加重了相对方责任。

因此,理论探讨的第一个问题已经有了明确的答案,提供方通过格式条款赋予自身单方变更合同条款的权利,该种单方变更条款本身有其必要性和合理性,且并未加重相对方责任,应属有效。

（三）变更后的条款须满足格式条款的双重控制,尤其须保障相对方的异议权

之所以无需对单方变更条款本身进行效力上的挑战,除了单方变更条款有其必要性和合理性,更重要的原因是变更后的条款将受到严格的双重控制审查。在订入控制层面,提供方需要保障相对方退出合同的权利;在内容控制层面,法院会通过自由裁量来实质审查变更后的条款是否公平(民法典第496条)和合理(民法典第497条)。

1. 保障退出权利实则为默示同意的证成,且默示同意应当真实

合同成立系意思表示一致的结果,变更后的条款需要约束格式条款提供方与相对方,仍须遵循意思表示一致的基本原理。因此,格式条款提供方通过公告或者其他方式载明变更后的条款,在法理上应当解释为格式条款提供方向相对方发出了要约。要约的构成要件除了需要"内容具体确定"(民法典第472条第1项)之外,还必须"表明经受要约人承诺,要约人即受该意思表示约束"(民法典第472条第2项)。因此,格式条款提供方通过公告或者其他方式发出要约时,需要留给相对方表达承诺的机会。

实践中,格式条款提供方公告变更后的条款内容,通常不会不满足民法典第

---

① 最高人民法院民事审判第二庭、研究室编著:《最高人民法院民法典合同编通则司法解释理解与适用》,人民法院出版社2023年版,第241页。
② 最高人民法院民法典贯彻实施工作领导小组主编:《中华人民共和国民法典合同编理解与适用》,人民法院出版社2020年版,第251页。
③ 参见上海市静安区人民法院(2018)沪0106民初29128号、(2019)沪0106民初25504号。

472 条第 1 项,但可能忽视第 2 项的要求。典型场景即宣布变更后的条款自公告之日起生效,而未赋予相对方异议或者退出合同的权利。考虑到格式条款订立的效率优势,在要约作出之后让相对人一一明示作出同意的承诺,既不现实,又加重了双方的负担。因此,默示同意成为兼顾效率优势和保障相对方承诺的最优选择。鉴于要约可以对承诺的方式进行要求(民法典第 484 条),而承诺在法定、约定或符合交易习惯的场合下可以通过默示的方式作出(民法典第 140 条第 2 款)。因此,格式条款提供方在公告中载明相对方如果未在合理期限内提出异议/选择退出,则视为接受等诸如此类的内容,表面上是保障相对方的退出权,实则为对承诺方式的要求。相对方如果未在约定期限内提出异议/选择退出,则应解释为相对方通过默示同意(消极行动的方式)作出了承诺,接受变更后的内容。

需要注意的是,虽为默示同意,但仍要满足"意思表示真实"(民法典第 143 条第 2 项)的要求。[①] 该等要求在格式条款中有其特殊的判定方式,其一是法院将审查是否实质上给予相对方退出权;其二是特定内容无法通过概括同意作出承诺。前者的典型如爱奇艺案,法院认为案涉会员协议中虽然约定了相对方"不同意变更的内容的,您有权选择停止使用 VIP 会员服务",但也同样明确会员费用不可转让且不予退还。由此导致即便相对方不同意变更的内容,其解除合同的权利形同虚设,构成对相对方权利的实质损害。此种情形下,退出与不退出的后果,即同意与不同意的后果完全一致,难谓同意的意思表示真实。后者的"特定内容"较为丰富,实践中争议较多的为管辖条款。在客户与 Z 证券公司申请确认仲裁协议效力一案中,法院认为 Z 证券公司根据案涉融资融券合同的约定"可以调整的合同范围侧重于自身业务规则,未明确包含争议解决条款……争议解决条款的变更应当由双方当事人专门协商,达成一致意见为准;或者双方对争议解决条款的变更方式作出了明确约定,即合同一方可以以公告的形式进行变更。"据此,法院认定 Z 证券公司通过公告方式单方变更的仲裁条款不成立。[②] 在涉电子系统点击确认的同意中,法院认为相对方可以基于多种原因进入系统,"在相关约定不明确的情况下,一概认为只要接受电子条款就约束投资者在电子交易系统中所有操作,显然不具有合

---

① 同样观点见夏庆锋:《在线订立格式条款的效力分析》,"表面合意与……意思表示真实并不相符。"载《环球法律评论》2023 年第 3 期。

② 参见北京市第四中级人民法院(2021)京 04 民特 188 号。

理性。"因此,法院认为案涉争议事项不存在仲裁合意。[①]

此外,考虑到法律对特定事项存在明确排除概括同意的规定,[②]展业实践中公告变更涉及此类事项未取得客户明示同意的,正当性或存不足。

2. 变更后的条款内容需要接受公平和合理的司法审查

鉴于公平与合理系不确定概念,对其具体化的过程主要基于个案判断。如在爱奇艺案件中,法院通过比对相对方原有的权利范围和变更后的权利范围,认定爱奇艺公司变更后的条款"变相将黄金 VIP 会员再次进行分级……这一变化实质上是减损了黄金 VIP 会员的既有权利,因此'付费超前点播'条款限制了吴声威的权利,对于吴声威而言是不公平、不合理的规定。"在前述客户与 Z 证券公司的案件中,法院同样结合单方变更条款本身的约定"本合同如需修改或增补,例如乙方因自身业务规则调整等"认定 Z 证券公司变更后的内容并非基于自身业务规则的调整,超越了单方变更的权利基础。

需要注意的是,虽然订入控制是内容控制的前提条件,但个案的实践中并非总是遵循这种形式逻辑。目光在事实与规范之间来回穿梭后的综合判断仍是司法实践中的主要情形。因此内容控制所需的公平和合理,有时会因不满足订入控制而被认定为不成为合同内容,常见表述为对相对方不发生效力;有时会被直接赋予否定性的效力评价,常见表述为该条款无效。但无论何种结果,对格式条款提供方来说都是应当尽量避免的。

综上,理论探讨的第二个问题需要分层回答,对于未保障相对方退出权利的变更内容,因未取得相对方的默示同意,该条款不约束相对方。在发生约束力的前提下,变更后的内容须符合公平和合理的原则,该等原则依赖于司法审查的尺度;在涉及消费者和经营者权益衡量的情况下,司法实践或将向消费者倾斜。

三、纠纷启示

（一）遵循惯例的同时应当兼顾客户权益

《国务院办公厅关于加强金融消费者权益保护工作的指导意见》(国办发〔2015〕81 号)中已经明确提出金融消费者的八大权益,证券法在 2019 年修订时直

---

① 参见余甬帆:《信息下发类弹窗中电子仲裁条款的效力》,载《人民司法·案例参考》2022 年第 26 期。
② 如《中华人民共和国个人信息保护法》中涉及单独同意的事项。

接从法律层面确立了投资者保护专章,证券业协会于 2021 年专门发布《证券公司投资者权益保护工作规范》(中证协发〔2021〕115 号,以下简称《投保规范》),细化了对客户权益保障的要求。

证券行业作为严监管行业,及时响应监管和市场变化属应尽之责。例如证监会自 2023 年 10 月以来对融资融券业务不断发声,多家证券公司均顺势通过公告的方式调整了融资融券业务合同。这种及时响应对于保障资本市场平稳运行起到了积极作用。尽管公告变更格式合同条款在一定程度上可以说是行业惯例,但仍然应当注意到该种惯例与保障客户权益之间存在紧张的冲突,因此在实操过程中需要额外注意。

(二) 立足文本的同时应当注重订约过程

单方变更条款系证券公司后续有权变更合同的正当性依据,因此在设定单方变更条款时,应当尽可能考虑到所有可能引起变更的因素,并将其明确订入合同内,避免在司法审查过程中被法院认定变更后的内容无权利基础。

对于变更后的内容,需要按照法律规定接受订入控制和内容控制的双重审查。在实操过程中,证券公司对于变更后的内容可以进行事前、事中、事后全流程风险把控:

1. 事前审查

在文本层面,公司合规法务部门可以结合法律规定和司法实践进行内部审查,初步判断格式合同中的异常条款是否进行了显著提示,是否存在免除、减轻、加重、限制、排除条款。对于异常条款的识别,至少应当涵盖《投保规范》第 24 条中所提及的"产品和服务的基本信息、收益及风险、收费标准等影响投资者决策和利益的重要信息"。其中,收费标准系客户普遍关注的缔约要素。对于行业内存在差异化收费的服务或产品内容,证券公司应当进一步明确提示客户该项服务或产品的收取费率,并举例进行计算说明。事前审查的另一个重要环节是与业务部门配合,在向客户提供的电子服务系统内逐项检验异常条款的具体展现,尤其是费率的计算方式是否与合同条款统一,确保系统功能与合同文本之间的匹配。

2. 事中控制

就订约过程而言,若需要变更后的条款对客户发生约束力,最优的处理方式是与客户一对一签字确认,次优系通过短信、邮件、电话等方式一对一通知客户,最后才应当考虑通过公告的方式统一通知。在通知的内容中，除了要明示变更条款的内容，还需要明示客户异议和退出的路径及其结果，实质性保障客户的退出权益。

3. 事后补漏

事后补漏既包括对订入控制和内容控制的复盘，发现瑕疵后及时补正；又包括争议发生后积极与客户沟通，运用和解、调解等手段多元化解客户心结。需要注意的是，因单方变更条款引起的纠纷中，证券公司或许存在一种遵循监管要求、符合行业惯例即可高枕无忧的思维惯性，而对客户的情绪没有进一步疏导，对订入控制和内容控制没有进一步从法律上研判。从司法实践来看，监管要求和行业惯例或许都无法为单方变更格式合同条款提供足够的正当性支撑，其根本的立足点仍然在于条款内容和订入过程的公平与合理。

案例 4　投资者与证券公司之间的金融产品纠纷案例分析

赖文婷[*]

金融产品是金融机构为投资者提供的一种重要的理财服务,但是由于金融产品的复杂性和风险性,投资者与金融机构往往容易发生纠纷。如何有效地处理这类纠纷,妥善解决问题,维护双方的合法权益,是值得我们持续探讨的话题。本文以一个证券公司集合资产管理计划纠纷案例为例,从纠纷的起因、纠纷处理及调解过程、案例启示几方面进行分析,尝试为此类纠纷的化解、预防,以及提高金融产品的服务质量和维护投资者权益工作提供一些参考。

一、案例介绍

投资者王某反映,其在某证券公司客户经理小张的推介下,于 2021 年 8 月 2 日购买了 30 万元某证券公司 A 集合资产管理计划,封闭期为 2 年。客户经理小张曾表示到产品开放期会提前通知,但过去两年一直无人联系自己,且自己在多家金融机构投资,时隔两年根本不记得该产品具体的开放日,也不知道证券公司客服电话。此外,王某在操作产品赎回时遇到了以下问题:

2023 年 10 月,王某尝试通过证券公司交易软件自行操作赎回产品失败,提示不在开放期。更令其困扰的是,在查询产品合同时,交易系统提示"适当性不匹配,无法查看详情信息"。王某联系证券公司客服,了解到是因为自己在 2022 年更新过风险承受能力测评,测评结果与持有的 A 集合资产管理计划适当性不匹配,因此无法查看到产品合同信息。且证券公司回复该产品开放日是 2023 年 8 月 10 日,现已过了开放期,暂无法赎回。王某表示在购买该产品时也曾出现过风险承受能力测评不适配购买失败的情形,当时是客户经理小张告知其部分测评题目的答案让其重新测试后才购买成功的,认为证券公司系统功能设置烦琐、

不人性化。

因此，王某对证券公司未能提供重要信息提示和限制其查看产品合同和赎回产品的做法感到不满，要求开放赎回产品和给予合理解释。

在与证券公司自行协商未果后，王某向调解工作站申请调解，经征询证券公司同意调解，本纠纷正式启动调解程序。

二、纠纷处理及调解过程

（一）纠纷争议焦点

本纠纷的主要争议焦点有两方面：① 投资者王某是否对于产品封闭期、开放期确不知情，证券公司是否已履行重要信息告知义务；② 投资者王某为何无法查看产品合同信息，该原因是否影响其在开放日操作产品赎回。

（二）纠纷调解过程

调解工作站介入调解后，研究、核查了争议双方提交的有关证据材料和陈述内容，了解情况如下：

1. 产品合同签署情况

根据证券公司与王某签署的 A 集合资产管理计划的相关文件，包括产品合同、风险揭示书等材料的签署情况，证券公司在与投资者王某销售产品时，已明确说明该产品为公司发行的集合资产管理计划，并签署了《××证券 A 集合资产管理计划资产管理合同》，签署时王某风险承受能力与产品相匹配。

合同详情中展示了该产品概要，对产品类型、开放频率、封闭期无法退出等信息进行披露，对开放赎回时间约定："本集合计划自成立日起，每满 24 个月后的前 3 个工作日（遇节假日顺延）办理集合计划参与业务，每满 24 个月后的首个工作日（遇节假日顺延）办理集合计划退出业务。管理人将于开放期前 3 个工作日通过管理人网站公告下一开放日的具体时间。"另证券公司反馈合同签署界面要求投资者在勾选确认"已知悉并同意以上内容"后，才能进入下一步完成交易。产品合同、风险揭示书中也明确提示投资者需关注有关参与和退出的具体安排，否则将面临无法顺利参与和退出的风险。

在王某购买该产品后的第三天，证券公司回访王某，确认其已阅读并理解产品合同和风险揭示内容，清晰了解产品封闭期要求，并告知其后续如有疑问，可及时联系证券公司。王某当时未提出异议。

2. 开放日前的信息披露和客户服务情况

（1）根据双方签署的《××证券 A 集合资产管理计划资产管理合同》第八条第一款第二点"开放期"："管理人将于开放期前 3 个工作日通过管理人网站公告下一开放日的具体时间。"由此可见，王某买入产品后的第一个开放日为 2023 年 8 月 10 日，证券公司于 2023 年 8 月 1 日在公司网站发布《××证券 A 集合资产管理计划 2023 年 8 月开放日及自有资金参与的公告》，信息披露符合合同约定。

（2）证券公司表示为了进一步做好产品开放日通知，于 2023 年 7 月 17 日、18 日两次向持有该产品的投资者发送提示短信，短信内容如下：

【XX 证券】尊敬的客户，您持有的 A 集合资产管理计划（代码 XXXXXX）将于 2023 年 8 月 10 日开放赎回，申购期以产品公告为准，仅在指定开放日的交易时间内可在线申购或赎回该产品，如未在指定时间内申购或赎回，可能面临无法顺利参与和退出的风险。如有疑问，请详询 9XXXX。

调解员在沟通中了解到王某误将证券公司短信当为垃圾短信，未予理会。

（3）对于王某反映证券公司两年来无人联系的情况，证券公司反馈是因为当时服务王某的客户经理小张因个人原因，在距离王某买入 A 集合资产管理计划半年左右，于 2022 年 1 月从证券公司离职。小张离职前，证券公司通过电话回访和短信将客户经理小张离职信息告知王某，并通过企业微信向王某留言，提示后续有相关服务需求及时联系证券公司。之后，在 2023 年 1 月至 2023 年 6 月期间，王某也曾多次致电证券公司客服咨询交易软件和佣金费率问题，证明其能正常联系证券公司，不存在王某所反映不清楚证券公司客服电话的情形。

对于王某反映购买产品时客户经理小张曾告知其风险承受能力测评答案让其重新测评，以达到适配的要求的问题，证券公司再次核查服务过程，未发现存在该违规记录，王某对此也未能提供相应的佐证材料。

3. 无法查看产品合同的原因

证券公司对此解释是基于适当性管理要求的考虑，系统只向投资者展示适配的产品信息，以保护投资者的利益。王某购买产品时是适配的，但因其持有产品期间更新测评后风险承受能力与产品风险等级不适配，故而王某未能查看到产品合同信息。对于该问题，证券公司多次安排专人与王某电话、约见沟通，解释系统设置的原因，并打印合同条款、公告公示内容向王某展示、解释说明。

（三）纠纷化解

调解员在厘清基本事实后，组织双方进行了耐心调解，也明确指出双方存在的问题：

一方面，投资者王某作为具备完全行为能力的成年人，在购买产品时，已经同意了产品合同的条款，包括产品的开放期和封闭期。另外，证券公司发送的通知短信中已明确说明开放日为 2023 年 8 月 10 日。在产品开放日前证券公司 2 次发送向其发送开放日通知消息，但其未能认真阅读，导致错过了赎回的机会，这是王某自身的疏忽，应该承担一定的责任。

另一方面，虽然投资者王某与证券公司签署的产品合同中已说明产品开放期、封闭期等信息，但王某在更新风险承受能力测评后，证券公司未能及时将更新测评后与产品不适配的结果及时告知王某，在系统设置上也影响王某后续查看产品合同信息的权利。其次，在客户经理离职后，证券公司未能持续重视客户维护工作，导致投资者产生不信任感并升级纠纷。因此，证券公司也要充分认识到自身在客户服务方面的缺陷，应该向王某道歉并改进服务。

经过耐心调解，争议双方认识到自身的不足，王某同意与证券公司工作人员再次面见沟通，证券公司向王某诚恳致歉并承诺后续将会马上优化系统设置，安排专岗持续做好跟进服务，并在下一个开放期内协助王某进行产品赎回。王某也意识到自己对产品信息关注不足，并考虑到持有的 A 集合资产管理计划一直以来收益表现不错，最终同意与证券公司达成和解。

三、案例启示

（一）充分履行适当性匹配意见告知义务

根据《证券期货投资者适当性管理办法》（证监会令第 202 号）第 21 条规定，经营机构应当根据投资者和产品或者服务的信息变化情况，主动调整投资者分类、产品或者服务分级以及适当性匹配意见，并告知投资者上述情况。证券经营机构应当通过定期或者不定期对投资者和产品或者服务的信息进行更新和核实，及时发现和处理信息变化对适当性匹配的影响。在销售产品或者提供服务时，应根据投资者和产品或者服务的最新情况，做出合理的适当性匹配意见，避免因信息滞后或者失效而导致的不适当销售或者服务。

本案中，证券公司虽然在适当性管控措施上遵循了投资者与产品或服务适当性相匹配的原则,但却忽略了在投资者信息变化时,及时告知投资者适当性匹配意见的重要性。在此,笔者认为证券公司作为金融机构,应当主动与投资者保持有效沟通,及时传达投资者适当性匹配意见。具体而言,可以通过增加对投资者和产品或服务的适当性匹配情况的系统检测,如发现投资者适当性与持有产品或接受的服务不再匹配的,应当采取电话、移动终端消息等方式通知投资者,提醒注意风险,并提示投资者根据自身情况调整投资策略或者转换产品或服务。如投资者未作出调整的,应向投资者说明证券公司将会有哪些处理措施和相关影响、处理的依据以及异议解决方案等。每个管控环节都应尽量做到有理有据,保障投资者的知情权和自主选择权。

(二)关注内控管理措施的有效性、合理性

根据《证券期货经营机构私募资产管理业务管理办法》(证监会令第203号)第48条规定,证券期货经营机构、托管人、销售机构和其他信息披露义务人应当依法披露资产管理计划信息,保证所披露信息的真实性、准确性、完整性、及时性,确保投资者能够按照资产管理合同约定的时间和方式查阅或者复制所披露的信息资料。

本案中投资者王某虽然在更新风险承受能力测评后自身的风险承受能力与持有产品不适配,但并不意味着投资者就要放弃原有的资产管理计划,也不意味着其没有查看相关信息资料的权利。证券公司虽然依据投资者适当性管理原则来设定管控措施,出发点是正确的,但执行上没有考虑到投资者的实际需求和合理诉求。在此,笔者建议金融机构应换位思考,管控措施在符合法律法规要求的前提下,也要多从投资者权益保护的角度考虑,充分尊重投资者,提供更多的服务选项和信息渠道,让投资者能够充分理解各类管控措施的本意和重要性,及时根据自身的情况,做出合理的决策,减少不必要的争议纠纷。总而言之,内控制度的建设、管控措施的执行等各环节应注重理论与实践的有机结合,切忌出现"一刀切"或者"头痛医头,脚痛医脚"的现象。

(三)客户服务做到位,防范客诉做在前

首先,证券公司作为专业金融机构,为了保护自身权益,在设计格式合同时用词较为严谨、规范,较多使用专业术语和词汇,而且相关条款往往篇幅较长。这些专业的表述并无不妥,只是从销售服务过程中应更多从投资者的角度出发,充分考虑投资者的知识储备及理解能力,通过浅显易懂语言,将投资者容易发生误解的业务规则、风险点等细节条款进行多方位解释、提示,帮助投资者提高专业能力和风险防范水平,从源头上减少理解误差等原因引发的纠纷。

其次,基于金融行业的特殊性,市场波动大、竞争激烈、风险高,从业人员流动性较大,更需要金融机构随时应对复杂多变的市场环境和投资者需求。因此,证券公司应当高度重视客户服务的质量和效果,建立和完善客户服务的管控机制和操作流程,进一步丰富投资者对产品或服务信息的获知渠道,及时了解客户的需求,提供更专业和更贴心的服务。当人员出现离职或调岗的情况时,应当及时安排其他人员跟进,保证客户服务的连续性和稳定性。

回顾本案的证券公司与投资者王某,两者的关系可见并不是那么稳固,从王某反映"过去两年没有人联系过我"的情况中可窥探一二,这也是导致投资者对证券公司的产品和服务缺乏了解和信心的原因之一。若本案中的证券公司有较为完善的客户服务机制,日常能通过多种形式有效触达投资者,真正做到与投资者保持较高黏度的服务关系,或许能很大程度上能及时了解并解决投资者的诉求,避免后续的纠纷升级。

（四）强化从业人员约束管理,防范道德风险

根据《证券经营机构投资者适当性管理实施指引（试行）》第十条规定,《投资者基本信息表》《投资者风险承受能力评估问卷》应当由投资者本人或合法授权人填写。证券经营机构及其工作人员不得以明示、暗示等方式诱导、误导、欺骗投资者,影响填写结果。《证券公司和证券投资基金管理公司合规管理办法》（证监会令第 166 号）第 6 条第 4 项规定,证券基金经营机构开展各项业务,应当合规经营、勤勉尽责,坚持客户利益至上原则,并严格规范工作人员执业行为,督促工作人员勤勉尽责,防范其利用职务便利从事违法违规、超越权限或者其他损害客户合法权益的行为。

对于本案中王某反映购买 A 集合资产管理计划时,客户经理小张曾告知其风险承受能力测评答案让其重新测评以达到与产品适配的问题,笔者通过查阅中国证监会各派出机构网站的《监管措施》栏目,发现各地监管部门在 2022 年至 2023 年期间就从业人员或证券经营机构"向投资者提供风险测评关键问题答案、替投资者完成知识测试、向客户发送回访问题、提供答复口径"等同类问题开出了十余张

罚单,可见监管部门对此类损害投资者合法权益的行为保持着高度关注并依法打击。

虽然本案中未能发现存在从业人员违规行为的实质证据,投资者也未再提供相应的佐证,但证券公司应该充分认识到该类问题可能带来的风险,应通过培训宣导等形式增强人员合规执业意识,并持续对人员执业行为进行检查、监督。具体操作上,可加强关注投资者风险承受能力测评和各类业务测试是否存在异常,特别是短期内多次进行测评、测试且作答情况存在较大差异,或投资者测评、测试内容前后矛盾、与其基本情况不符等情形,可通过增加问卷调查、客户回访等方式了解原因,排查是否存在从业人员违规引导等异常情形。

四、结语

"投资有风险,入市需谨慎"并不是形式上的口号,作为投资者,应充分认识金融市场的机遇与风险,对自身的投资行为应保持谨慎的态度。任何人参与证券投资前,均应认真阅读并理解所参与产品或服务的合同条款、风险揭示等重要信息,充分评估自身的风险承受能力后理性作出投资决策,并且要做到密切关注账户变动情况和证券公司的重要通知,保持与证券公司的沟通渠道畅通,对自己的投资结果承担相应责任。

另外,证券经营机构应做到依法合规经营,建立完善内部控制机制,督促从业人员合规执业,引导投资者充分认识产品或服务、理性投资,杜绝侵害投资者合法权益的违法违规行为,切实履行投资者权益保护主体责任。

案例 5　投资咨询纠纷典型案例分析

涂文静*

随着我国证券市场的繁荣发展以及投资者对专业化投资咨询服务需求的日益增长,证券投资咨询业务在资本市场的角色愈发重要。然而,在实际操作过程中,由于合规尺度把控、市场复杂多变、信息不对称、服务质量参差不齐等因素,围绕证券投资咨询业务而产生的纠纷也逐渐显现。本案例分析旨在通过深入剖析一起典型的证券投资咨询纠纷案件,揭示该领域内普遍存在的问题与挑战,从而为完善相关法律法规、规范行业行为、保护投资者权益提供实证依据和参考建议。

一、证券投资咨询业务的释义、范围及目的

证券投资咨询业务是指取得监管部门颁发的相关资格的机构及其咨询人员为证券投资者或客户提供证券投资的相关信息、分析、预测或建议,并直接或间接收取服务费用的活动。根据服务对象的不同,证券投资咨询业务可以分为:面向公众的投资咨询业务;为签订了咨询服务合同的特定对象提供的证券投资咨询业务;为本公司投资管理部门、投资银行部门的投资咨询服务。开展证券投资咨询业务的目的主要有以下几个方面:一是提供专业建议。通过专业的投资分析、市场研究和策略规划,为投资者提供科学的投资决策依据,帮助客户在复杂的金融市场中识别投资机会;二是降低风险。基于对宏观经济、行业动态、公司基本面的深入研究,咨询机构可以帮助投资者评估潜在风险,制定风险管理策略,从而减少投资失误的可能性;三是资产配置优化。根据投资者的风险承受能力、收益目标以及资金使用期限等因素,协助投资者进行合理的资产配置,提高投资组合的整体收益风险比;四是提升投资效率。通过提供及时准确的信息服务,节省投资者搜集和处理信息的时间成本,让投资者能够更高效地参与证券市场交易;五是教育与指导。向公众普及金融知识,提高投资者的金融素养,引导其形成理性投资观念,避免盲目跟风或

---

* 中证资本市场法律服务中心四川调解工作站调解员。

投机行为;六是合规操作。确保投资者在合法合规的前提下进行投资活动,避免因不了解法律法规而产生不必要的法律风险。综上所述,证券投资咨询业务的核心目标在于辅助投资者做出明智且符合自身需求的投资决策,同时促进资本市场的健康发展。

二、纠纷案情概要

投资者 A 先生,一位居住在某大城市的六旬长者,在 2021 年 9 月期间分两次总计投入了逾两万元购买了由某证券投资咨询公司(以下称为 B 公司)所提供的荐股服务。据 A 先生反映,B 公司在前期的大力营销中对其荐股能力进行了夸大宣传,展示的过往荐股记录几乎全部呈现盈利状态,这使得他深信不疑并选择了该公司的服务。然而,在实际订购服务后,A 先生依据 B 公司提供的股票交易建议进行操作却事与愿违,其股票账户并未如预期般实现增值,反而陷入了持续亏损的状态,短时间内累计亏损高达四十余万元。对此,A 先生认为 B 公司存在误导性宣传和荐股质量严重不符的问题,涉嫌虚假宣传,并据此要求 B 公司退还已支付的服务费用,并赔偿其因遵循 B 公司建议而导致的全部账户损失共计四十余万元。面对投资者的诉求,B 公司并未同意承担其股票交易损失的赔偿责任,双方因此陷入僵局。

三、主要争议

该纠纷在调解介入之前,双方当事人已进行过多次协商,投资者 A 先生所购买的荐股服务合同已到期,本案中的 B 公司同意全额退回服务费给投资者 A 先生,但拒绝赔偿 A 先生的股票账户损失。但投资者 A 先生认为该公司涉嫌虚假夸大宣传,并且安排无投资顾问执业资格的人员为其提供服务,前后更换 7 名"老师"提供荐股服务,其投资损失完全是因为"跟随"荐股人员的错误操作建议导致,机构理应全额退费且赔偿账户损失。该纠纷主要争议焦点如下:

虚假宣传与实际服务不符:投资者 A 先生认为 B 公司在营销阶段对其荐股能力进行了夸大和不实的宣传,即宣称过往推荐的股票都取得盈利。如果实际情况并非如此或者未能提供有力证据支持这些业绩,则可能存在虚假宣传的问题。

荐股质量与损失责任:投资者 A 先生根据 B 公司的荐股建议进行操作后,账户出现大幅亏损。投资者认为这是由于 B 公司提供的投资建议存在问题或误导性,导致其做出了错误的投资决策。因此,投资者要求 B 公司承担部分或全部交易损失的责任。

服务费退还问题：投资者 A 先生不仅要求赔偿交易损失，还提出退还已支付的服务费用。这意味着在投资者看来，由于 B 公司未履行合同约定的服务义务或服务质量严重低于承诺水平，有权解除合同并要求返还已付费用。

风险揭示与投资者适当性管理：B 公司是否充分向投资者揭示了投资风险，以及在提供服务过程中是否遵循了投资者适当性原则，即是否将合适的产品和服务销售给了具有相应风险承受能力的投资者。

四、调解过程

在接到调解申请后，调解员立即与投资者 A 先生取得联系。由于前期与 B 公司沟通不畅，A 先生心存疑虑并对纠纷调解的效果有所担忧，但他仍抱持着通过调解挽回投资损失的深切期望。在调解工作人员耐心地疏导和细心讲解后，A 先生了解了纠纷调解的目的和意义，逐渐消除疑虑，在工作人员的指导下逐步完成调解前的准备工作。随后调解员也联系了 B 公司，该公司表示愿意调解，并说明：在介入调解前，公司已经明确向 A 先生表示愿意全额退回服务费以寻求双方和解，但对 A 先生提出赔偿投资损失的诉求无法满足。

随后进入调解环节，调解员掌握基本情况及当事人双方想法后，建立了三方在线调解会议室，前后安排四次在线调解。首先，调解员要求双方结合主要争议点"投资者 A 先生股票交易损失是否为投资咨询公司违规荐股"所致提供相关证据；其次，调解员查阅 A 先生提供的 500 多页证据，主要包括与 B 公司服务人员的聊天记录、账户买卖交易记录、双方签订的服务合同等。经查阅材料，发现该纠纷有三个明显特征：一是投资者 A 先生交易频繁，多次买卖相同股票，股票买卖无原则，较盲目；二是 B 公司服务人员在与 A 先生微信聊天过程中有明显虚假宣传的行为，出现"签约客户平均收益在 25% 左右"等毫无依据的夸大且带诱导性话语；三是 B 公司部分向 A 先生微信推送荐股信息的服务人员并无投顾资质，属于严重违规行为。

在调解过程中，调解员充分听取了双方意见。B 公司强调，作为一家合法合规的持牌机构，始终按照双方签订的协议为 A 先生提供服务，在接受咨询服务之初已经为其进行了风险测评，A 先生也签署了风险提示书，公司明确告知投资盈亏由客户自行承担。而投资者 A 先生则表示，B 公司在实际服务中的表现与其购买前所承诺的情况相去甚远，期间共有七名服务人员提供荐股服务，自己是严格按照公司推荐进行交易操作，现面临四十万余元的股市亏损。鉴于 A 先生年事已高，日常生活压力较大,健康状态较差,常年看病吃药,现在的生活十分困难,希望通过调解"找回"损失。

调解员一方面对 A 先生进行心理安抚,引导其理性看待投资风险,提高防范意识,警惕虚假宣传及诱导性投资建议,切实认识到投资决策自主性和与此并行的风险自担原则;另一方面,调解员向 B 公司严肃指出其在服务过程中存在的不规范行为,特别是虚假宣传及违规荐股违反了《证券、期货投资咨询管理暂行办法》的相关规定,对 A 先生的投资损失负有一定责任。同时,调解员敦促 B 公司站在 A 先生的角度思考问题,考虑到他的特殊生活困境,尝试给予一定的经济补偿。

经过调解员多次深入细致的协调沟通,双方最终达成了和解意愿。和解方案确定为 B 公司不仅全额退还 A 先生二万余元的服务费,还将支付一定金额的安抚金。在双方签署调解协议后的三个工作日内,A 先生顺利收到了退款及安抚金款项。至此,本次纠纷得到了圆满解决。

五、案例启示

证券投资咨询纠纷案件频频发生,除了机构不坚持严守合规底线的必然性,投资者盲目轻信机构荐股也是问题发生的原因之一。本案例中涉及的证券投资咨询公司在合规把控、业务管理、制度规范执行、员工业务素质等方面都存在不同程度的问题和不足,投资者也没有树立正确的投资理念、缺乏风险意识、法律法规知识欠缺。透过案例,结合日常证券投资咨询纠纷案件调解过程中的认识,涉及该类纠纷的中小投资者主要有以下特点:一是投资者的资金实力、投资能力、信息渠道、专业知识、法律意识、风险控制能力总体都比较薄弱;二是投资者的年龄、学历、工作背景差异巨大,投诉人中学历较低、年龄偏大者占比较高;三是大多数个人投资者在投资知识、投资经验等方面千差万别,多元化需求性很强;四是中小投资者大多以追求短期获利为目的,更多关注的是股市行情,以谋求股票交易的差价,缺乏长期投资、理性投资、价值投资的理念;五是中小投资者通常漠视了解风险揭示信息,忽视阅读相关业务风险揭示条款等,感觉上当受骗后缺乏证据支持,自身行权、维权能力薄弱。

基于上述中小投资者的基本特性,投资咨询机构常常抓住普通投资者对公众媒体和股票信息依赖的心理,大量通过公众媒体向投资者进行推介、招揽会员收取高额服务费,展业过程主要呈现以下特征:一是形象包装。有些公司规模较大,基本地处高档写字楼,有功能强大的公司网站,内容覆盖股票、基金、期货等主要投资领域,可以免费由公司的"名牌分析师"提供股票诊断服务。二是"话术"诱惑。公司专门培训了一批营销型员工,以极富煽动性的言语、信誓旦旦地保证等多种"话术"手段招揽客户。他们往往以高收益为诱饵,通过跟着"老师"做,就可"收益翻番""投资小、收益大"等夸人宣传诱导投资者。三是利用网络平台非法荐股。非法机构或个人通过开办网站、炒股博客、QQ 群、微信群等,以荐股诊股、保证收益等为名公开招揽客户,收取投资者的费用。四是通过虚假宣传反复升级营销。公司往往通过前期服务的"嘘寒问暖"等方式获取客户的信任,并通过关键信息将客户划分为普通、核心等不同层级客户类别,再发布广告、海报、视频等方式对其服务能力夸大其词,以高额回报为诱饵诱导投资者进行"服务升级"缴纳更高数额的服务费(少则数千元,多则数十万元)。五是无投资顾问执业资格人员进行投顾业务。一些不具有相关证券业务资格的服务人员,在对投资者进行服务的过程中以专家、老师自称,并提供"一对一"指导、诊股、荐股服务。这些问题的存在严重扰乱了整个投资咨询行业的秩序,引发了众多纠纷。

随着经济迅速发展,人们的经济能力和投资理财意识日渐增长,而股票交易投资是一种收益和风险并存的活动,对于一些缺乏入市经验和专业投资知识的投资者,没有时间或能力关注市场、上市公司的运作情况及从事技术或市场分析,他们往往喜欢听取证券投资咨询机构或个人的观点,甚至将证券投资咨询分析报告作为投资决策的唯一依据。相对缺乏经济实力的现状让他们往往经受不住市场波动的考验,有限的信息获取渠道致使其投资决策常常滞后于市场反应,相对感性的投资情绪与判断能力容易使其跟风冒进,不足的专业知识和较弱的风险意识使之盲目追涨杀跌。在纷繁复杂、快速多变的证券市场中一些中小投资者的利益受到损害的现象时有发生,中小投资者作为证券市场交易的参与者常常处于弱势地位,亟须具备理性投资和风险防范意识。

投资者如果需要证券投资咨询机构提供投资服务,第一要选择取得合法业务资格的机构作为服务主体,投资者可以登录中国证监会网站、中国证券业协会网站查询合法投资咨询经营机构及人员名录,并查阅该机构是否存在过非法证券投资业务,是否收到相关监管部门的行政处罚,是否存在虚假夸大业务宣传的行为;第二,投资者需要牢记,包括股票在内的任何金融产品投资都是遵循"高收益必然伴随高风险"的基本原则,没有"天上掉馅饼"的完美服务和产品。证券经营机构和投资咨询机构应当以"适当性制度"为指引,坚持"把适合的产品卖给适合的投资者",不得进行虚假夸大宣传,投资者遇到夸张的宣传手法,也请务必提高警惕;第三,要初步确定一个与自身经济能力和风险能力匹配的投资计划,包括投资额度、合理的投资回报比例及止损区间,不激进、不贪婪,不会因为投资失败而导致无法满足基本生活;第四,中小投资者也需要掌握一定的股票投资知识,具备一定的证券投资能力,对于证券投资咨询机构提供的投资建议要结合自身的判断加以选择,不盲从,不跟风,树立"理性投资、价值投资、长期投资"的投资理念。

证券投资咨询机构应从合规角度防范证券投资咨询风险,多方面着手,确保业务活动符合相关法律法规的要求:一是严格遵守法律法规。证券投资咨询机构必须全面了解和遵守中国证监会等监管机构制定的各项法律法规,如《证券投资咨询管理暂行办法》和《会员制证券投资咨询业务管理暂行规定》等,严格用法律法规指导证券投资咨询服务活动。二是内部控制制度。建立健全内部控制制度,包括风险识别、评估、监控和报告机制,确保风险得到有效管理。三是资质认证。确保从事证券投资咨询业务的员工具备相应的资质和职业道德,通过专业培训和考核,获得必须的行业资格认证。四是信息隔离。在咨询业务中,应建立严格的防火墙制度,防止内幕信息的泄露,确保咨询活动的独立性和客观性。五是风险提示。在提供投资建议时,对可能的风险进行充分披露,确保客户能够基于充分信息做出投资决策。六是合规审查。对外发布的投资研究报告和投资建议应当经过合规部门专职人员的审查,确保内容的真实性、准确性和完整性。七是投资者资产保护。加强投资者资产的保护,严格按照投资者的意愿和法律法规的要求操作,避免利益冲突。八是反洗钱工作。遵守反洗钱法律法规,建立和实施反洗钱内部控制程序,防止洗钱活动的发生。九是持续监督和评估。对咨询业务进行持续的监督和评估,及时发现并纠正存在的问题,确保业务活动持续符合合规要求。

用合规引领证券投资咨询业务是确保该行业运作公正、透明和有序的关键。一是有利于保护投资者权益。合规能够帮助确保投资者获得准确、客观的投资建议。这有助于投资者做出更为明智的投资决策,从而保护他们的资产。二是避免误导和欺诈。合规制度能够帮助遏制不实的或欺诈性的投资建议。通过制定明确的规则和标准,合规制度有助于减少误导性广告和虚假陈述。三是提高市场信任。

当证券投资咨询业务遵循合规规定时,市场对整个行业的信任度会提高,合规性有助于建立投资者对业务运作的信任。四是促进公平竞争。合规制度确保所有证券投资咨询机构都必须遵守相同的规则,从而促进公平竞争。这有助于防止某些机构通过不正当手段获得不公平的优势。五是维护市场稳定。合规有助于确保市场的稳定和健康发展。当所有参与者都遵循相同的规则时,市场运作更为有序,减少了操纵市场价格和不正当交易的风险。在各个国家和地区,证券投资咨询业务都需要遵循特定的法律和法规,合规是确保投资咨询机构合法运营、有效降低可能承担法律责任风险的关键。

第二篇　基　金　专　题

案例 投资者与金融机构之间的资管产品纠纷案例分析

刘 倩[*] 林佳妮[**]

近年来,随着中国居民的财富增长,以及在"房住不炒"政策大环境下,中国居民的财富配置开始发生结构性的调整,从房产向金融资产逐渐转移过渡,金融资产在居民财富配置中所占比例越来越高,其中,居民配置各类金融产品的比例快速增加。在国内财富管理的转型升级之路,投资者作为主要参与者,时有发生因金融产品未达预期收益或亏损等而引发争议纠纷。如何处理好该类型的投诉纠纷,妥善解决问题,维护市场健康发展,是值得我们去探讨和研究的话题。

一、案例介绍

投资者 A 因购买投资管理有限公司 B 的"X 股权投资集合资产管理计划"(以下简称 X 产品)已终止但一直未能赎回投资款项,认为 B 公司违反合同约定,要求该公司返还其投资款项。

多年前,投资者 A 通过 B 公司认购 X 产品,该产品投资于非上市企业股权,产品合同约定不设固定存续期,并在风险提示部分特别揭示了产品期限不确定的风险。2021 年,B 公司基于法律法规的原因,根据产品合同约定条款,提前终止 X 产品运作。产品终止后,B 公司已通过多次清算分配部分资产给投资者 A,但由于产品为股权类产品,清算周期较长,剩余资产需等待底层投资项目清算后方有回款。鉴于清算工作进展缓慢,双方因据理纷争分歧较大,最终同意选择由第三方调解中心进行调解,本纠纷正式启动调解程序。

二、纠纷处理及调解过程

(一)纠纷争议焦点

本纠纷的主要争议焦点:产品是否按合同约定及法律法规规定设立、运作和

---

* 国信证券佛山分公司合规管理专员。

** 国信证券佛山分公司合规管理专员。

清算。

（二）纠纷调解过程

调解中心介入调解后,调解员向 B 公司详细调查了解情况,认为 X 产品依法设立、合法运作,投资者自愿参与产品的投资,未发现明显过错。

X 产品为经监管许可后正式设立,产品自募集开始,到正式成立后投资、运作管理均按合同约定执行。根据投资者 A 与 B 公司签订产品合同、产品风险揭示书,参与产品投资系投资者 A 的真实意思表示,产品合同内容不违反法律、行政法规的强制性规定,应属合法有效,双方均应按照合同约定履行各自的义务。合同内针对股权投资的特点明确约定产品不设固定期限,产品期限根据底层股权项目的存续期限而定,且在风险提示部分也明确对产品可能存在的退出受限、投资期限不确定和清算周期较长等风险进行了充分揭示。2021 年,根据资管新规的要求,产品提前终止,相关信息已及时披露。产品终止后,B 公司继续履行管理人义务,并根据合同约定对已变现资产进行分配,对未能流通变现的财产进行二次清算。受资本市场等客观因素影响,X 产品所投向的股权类项目清算手续复杂,需等待时间清算,进而导致 X 产品清算回款进度较慢。

（三）纠纷调解结果

虽然 X 产品运作未发现明显问题,但考虑产品投资期限长且已提前终止,而 B 公司作为管理人,应该能够理解客户的不满情绪,并应采取一些更加积极有效的方式化解纠纷;为保障投资者的合法权益,在调解员的努力下,双方达成一致意见,即 B 公司根据调解意见与投资者 A 签署调解协议,投资者 A 的需求得到合理满足,最终该纠纷基本得到妥善解决。

三、案例启发

本案仅因产品投资的底层股权无法及时退出回款而引发纠纷,双方均无明显过错,经第三方调解后才得到妥善解决。实践中由于资管产品结构复杂,一旦金融机构对产品募、投、管、退的任一环节管理不当、未勤勉尽责,导致投资者损失,继而引发投诉纠纷。同时,由于资管产品的参与起点高,一般高净值投资者参与投资,此类投资者有特定的交际圈层,一旦某一投资者对产品的运作失去信任要求索赔,容易衍生群体投诉纠纷,继而影响市场稳定。结合本案例,笔者对资管产品纠纷产生的原因进行总结、研究,并提出纠纷处理思路。

（一）卖方机构方面的原因

1. 是否履行适当性义务

通常来讲,投资者是否参与资管产品很大程度依赖于管理人或代销机构的营销宣传,而后续的投资者投诉纠纷矛头往往指向售前的营销宣传内容。因此,在资管产品纠纷中,管理人或代销机构是否落实投资者适当性管理义务是责任认定的关键要素之一。

证券法明确规定卖方机构向投资者销售证券、提供服务时,应当按照规定充分了解投资者的基本情况、财产状况、金融资产状况、投资知识和经验、专业能力等相关信息;如实说明证券、服务的重要内容,充分揭示投资风险;销售、提供与投资者上述状况相匹配的证券、服务。

《九民纪要》中亦明确适当性义务是指卖方机构在向金融消费者推介、销售银行理财产品、保险投资产品、信托理财产品、券商集合理财计划、杠杆基金份额、期权及其他场外衍生品等高风险等级金融产品,以及为金融消费者参与融资融券、新三板、创业板、科创板、期货等高风险等级投资活动提供服务的过程中,必须履行的了解客户、了解产品、将适当的产品(或者服务)销售(或者提供)给适合的金融消费者等义务。卖方机构承担适当性义务的目的是确保金融消费者能够在充分了解相关金融产品、投资活动的性质及风险的基础上作出自主决定,并承受由此产生的收益和风险。在推介、销售高风险等级金融产品和提供高风险等级金融服务领域,适当性义务的履行是"卖者尽责"的主要内容,也是"买者自负"的前提和基础。

因此,在资管产品销售中,如卖方机构未履行适当性管理义务或无法举证证明已履行的适当性管理义务,则需要承担投资者因此产生的亏损。常见的情形如卖方机构销售产品前并未真正了解投资者,部分投资者风险测评结果明显与投资者真实情况存在偏差,没有按照本人真实的情况作答;又如卖方机构未对高龄投资者进行审慎对待,加强风险提示,而非为了完成业绩诱导投资者赌上"养老钱"。相反,如卖方机构已做到"卖者尽责",主动了解投资者,如实告知产品投资范围、投资比例、存续期限、产品费用、产品风险等,充分揭示投资风险,将适当的产品推荐给适格的投资者,卖方机构可举证豁免承担赔偿责任。

2. 是否履行信义义务

除了适当性义务,管理人如未履行信义义务,在资管产品纠纷中也将处于被动局面。且不同于适当性义务更多关注于资管产品的募集销售阶段,信义义务持续存在于资管产品募、投、管、退的全过程,体现管理人履行尽职调查、资金监管、风险控制、信息披露等职责。

《证券投资基金法》明确规定基金管理人、基金托管人管理、运用基金财产,基金服务机构从事基金服务活动,应当恪尽职守,履行诚实信用、谨慎勤勉的义务。基金管理人运用基金财产进行证券投资,应当遵守审慎经营规则,制定科学合理的投资策略和风险管理制度,有效防范和控制风险。基金从业人员应当具备基金从业资格,遵守法律、行政法规,恪守职业道德和行为规范。

《私募基金监督管理条例》明确规定私募基金管理人、私募基金托管人及其从业人员提供、报送的信息应当真实、准确、完整,不得有下列行为:虚假记载、误导性陈述或者重大遗漏;对投资业绩进行预测;向投资者承诺投资本金不受损失或者承诺最低收益;法律、行政法规和国务院证券监督管理机构规定禁止的其他行为。

常见的违反信义义务的情形如管理人未及时止损、未勤勉跟进底层资产状况、未如实向投资者披露基金投资、资产负债、投资收益分配、基金承担的费用和业绩报酬、可能存在的利益冲突情况以及可能影响投资者合法权益的其他重大信息、迟延兑付或者迟延清算等。

（二）投资者方面的原因

《证券期货投资者适当性管理办法（2022 年修订）》明确规定投资者应当根据自身能力审慎决策,独立承担投资风险。经营机构的适当性匹配意见不表明其对产品或者服务的风险和收益做出实质性判断或者保证。对于投资者而言,应认识到"买者自负,风险自担"。在购买产品前,应主动了解产品的基本信息及相关风险,仔细阅读产品合同、风险揭示书等相关文件,不轻信卖方机构业务人员的宣传推介,对未理解的内容应进一步咨询或研究,根据自身实际情况,审慎选择与自身风险承受能力相匹配的产品。但是,当资本市场火热、投资热情高涨的情况下,投资者往往失去理性投资意识,抱着一时跟风或一夜暴富的赌性心理,忽视自己的风险承受能力及资金盈余情况,甚至在合格投资者认证、风险测评等环节弄虚作假,故意拔高结果以通过风险承受能力评估,此种情况下如果卖方机构无相应过错,则因此产生的投资损失需由投资者自行承担。

（三）纠纷证据

在资管产品纠纷中,可通过产品宣传材料（包含业务人员的电话、短信、微信等服务记录）、产品成立备案材料、产品报告及运作情况及投资者签署的产品合同、合格投资者认证材料、风险测评问卷、适当性匹配确认书、风险揭示书等证据来还原事实，便于厘定各方责任。其中，还应关注机构是否真实、准确、完整、及时、全面向投资者披露产品的基本信息、收益及风险等重要信息，是否存在保证收益、虚假或者引人误解的宣传，投资者是否本人在了解产品后自愿购买产品，且购买产品时风险测评是否在有效期内，是否由投资者本人独立完成，投资者风险等级是否与产品风险等级相匹配。

（四）资管产品纠纷处理思路及技巧

整体而言，投资者因购买资管产品产生的投诉，大多是产品亏损时，投资者心理无法承受导致情绪上的冲动，会将原因归结于产品风险过大，业务人员夸大收益等，具体谈判建议与应对技巧参考如下：

第一，在与投资者沟通争议时，不急于说明"投资有风险""自负盈亏"等。要耐心倾听，站在投资者的立场适当给予安慰，表达对投资者心情的理解，舒缓投资者的情绪。通过耐心倾听了解投资者对所持有产品投资理念、投资方向、重仓股、亏损原因等了解程度，以及投资者是否有曾投资或正在投资的其他产品以及收益情况，引导投资者正确认识产品存在阶段性涨跌、高收益的产品也对应有高风险等。同时，可安排经验较为丰富的投资经理协助，结合市场的情况对投资者购买的产品进行客观地分析，消除投资者对风险的恐惧心理。如果投资者表示是机构没有做好产品筛选和监督，导致亏损，可依据《关于规范金融机构资产管理业务的指导意见》中金融机构为委托人利益履行诚实信用、勤勉尽责义务并收取相应的管理费用，委托人自担投资风险并获得收益的规定，向投资者再解释，机构仅按照产品合同的约定收取相关费用，严格按照监管要求合法合规销售产品，但并非保证产品本金不受损失或产品盈利。

第二，在产品运作本身无违规问题的情况下，根据市场的走势，说明产品净值下跌来源于市场整体环境的调整，在此状况下购买产品反而能起到一定分散风险的作用。且目前产生的回撤为浮亏，并不等同于实际亏损。如果投资者表示业务人员向其推介的产品不符合适当性要求，依据核查材料告知投资者购买该产品时，其风险承受能力与产品风险等级相匹配，销售过程均符合监管规定，可结合实际情况提供相应材料帮助投资者回忆。此种做法应注意是建立在核查确实适当性无瑕疵的情况下应用。

第三，适时上门拜访投资者，按需准备好产品资料、运作报告、基金经理市场的观点、同类产品的相关资料等，与客户面对面深入交流，切实从客户角度出发解决问题。一时解决不了的问题，定期联系投资者告知投资者纠纷处理的最新进展，或提出新的解决方案，如可根据市场涨跌，选择行情较为回升的时期与投资者进行沟通，帮助投资者消除恐慌心理，从而推动纠纷的解决。

第四，后续引导。如果多次沟通后投资者仍然坚持要求赔付亏损，如机构确不存在违规情形的，应耐心陪伴投资者，并明确告知投资者市场有风险，无法保证收益等客观要素，同时为解决投资者异议，可引导投资者通过调解、仲裁或诉讼等合法方式解决争议。

四、结语

"以客户为中心"是金融机构贯彻党中央对金融工作的相关指示，推动高质量发展的必然要求。金融机构应始终将投资者合法权益置于首位，勤勉尽责，以专业投资回报投资者。同时，金融机构应对业务人员进行必要的培训，保证其充分了解所负责推介产品的信息及销售活动有关的公司内部管理规定和监管要求。

日常加强投资者教育，不断提高客户金融知识水平和风险意识，引导客户树立正确的资产配置观念，充分结合自身投资偏好、投资目标，选择更适合自身风险承受能力的产品，同时向投资者传递"买者自负"的理念。当产品发布定期报告、基金经理发布最近市场观点等，金融机构应及时将相关信息传达至投资者，让投资者持续接收到产品的最新动态与市场变化，对市场波动可能会带来的产品亏损产生一定的心理预期。

如遇投资者投诉，金融机构应积极予以回应，妥善协商解决方案，注意沟通方式，切实为投资者着想，在符合监管规定的前提下尽最大努力实现投资者合法权益最大化。对于可能产生的群体性纠纷，应积极面对，不推诿不逃避，及时成立处理小组，统一答复口径，确保沟通渠道畅顺，定期向投资者反馈处理进展，做好情绪安抚及解释工作，合理妥善处理投资者诉求。对于反复沟通均无法与投资者和解的，可引导投资者向中证资本市场法律服务中心等第三方调解机构申请调解，还可通过仲裁或诉讼等法律途径解决纠纷。

第三篇　上市公司专题

案例 科创板证券虚假陈述责任纠纷首案诉前调解案例分析

杨立转* 石洋洋**

一、案例简介

2022 年 2 月,某科创板上市公司发布业绩快报。报告期内,公司营业收入明显增长,整体收入规模稳步提升。报告期内,公司归属于上市公司股东的净利润同比减少。风险提示部分称,本公告所载 2021 年年度主要财务数据为初步核算数据,未经会计师事务所审计,可能与公司 2021 年年度报告中披露的数据存在差异,具体数据以公司正式披露的 2021 年年度报告为准,敬请广大投资者注意投资风险。

2022 年 4 月,上市公司发布年报,年报内容与业绩快报无实质差异。后上市公司对业绩快报和年报中提及的财务指标进行更正,并因此被浙江证监局出具警示函。该上市公司于 2023 年收到浙江证监局下发的《行政处罚决定书》。浙江证监局认定上市公司存在将部分成本以保证金名义计入往来款,虚减营业成本进而虚增利润的违法事实,导致上市公司披露的 2021 年年报财务数据及相关信息不真实、不准确,2021 年年报存在虚假记载。上市公司的上述行为违反了证券法第 78 条第 2 款、第 79 条的规定,构成证券法第 197 条第 2 款所述"信息披露义务人报送的报告或者披露的信息有虚假记载、误导性陈述或者重大遗漏"的行为。上市公司及相关责任人均受到行政处罚。投资者起诉至法院,要求上市公司及相关责任人赔偿因虚假陈述造成的损失。

二、调解过程及结果

本案的调解困难有二,一是无示范案件参照的前提下,如何争取上市公司调解意愿? 二是调解标准如何确立?

面对困难一,法院主动与上市公司属地证券监管部门取得联系,排摸系列案件

---

* 上海金融法院法官。
** 上海金融法院法官助理。

可能涉及的投资者范围、上市公司近两年来的经营情况、行政处罚的前因后果等上市公司全部信息。了解基础信息后,法院详细阐述诉前调解各项优势,引导上市公司权衡利弊,最终同意以诉前调解方式化解纠纷。此时,另一个问题又出现了——上市公司对系列案件均采用调解方式存在顾虑。没有示范判决,即便首案调解了,上市公司无法预期后续案件调解的尺度,这对公司来说,是个不确定的因素。要提升上市公司对系列案件的概括性调解意愿,症结在于确立统一的调解标准,这就涉及对争议焦点的回应。"实施日、更正日、基准日、基准价格……"证券虚假陈述责任纠纷中,"三日一价"的确定至关重要。中证资本市场法律服务中心充分利用其专业优势和实践经验,就"三日一价"给出专业意见,法院充分考量各方意见并经专业法官会议讨论,最终确定了"三日一价",为纠纷的处理定下标尺。标准确定后,法院立即委托第三方机构进行损失核算,并同步委派浙江证券业协会和中证资本市场法律服务中心进行联合调解。在多方的努力下,双方达成了初步的和解方案。上市公司以损失核定金额为基础,扣除一定比例后向投资者账户一次性付清人民币 4 万元。投资者则不再向其他主体提出任何权利主张。调解方案确定后,当事人向法院申请司法确认,法院组织当事人和调解组织运用全在线方式进行司法确认听证。听证结束后法院以电子方式将司法确认裁定书送达至当事人,整个案件的化解过程,当事人和调解组织均未至法院。

三、案件评析

本案上市公司发布 2021 年业绩快报是否适用《虚假陈述若干规定》第 6 条规定的安全港原则,是确定虚假陈述实施日的关键。

《虚假陈述若干规定》第 6 条规定:"原告以信息披露文件中的盈利预测、发展规划等预测性信息与实际经营情况存在重大差异为由主张发行人实施虚假陈述的,人民法院不予支持,但有下列情形之一的除外:① 信息披露文件未对影响该预测实现的重要因素进行充分风险提示的;② 预测性信息所依据的基本假设、选用的会计政策等编制基础明显不合理的;③ 预测性信息所依据的前提发生重大变化时,未及时履行更正义务的。前款所称的重大差异,可以参照监管部门和证券交易场所的有关规定认定。"根据该规定,通常情况下,信息披露义务人并不会因为发布预测性信息而被认定为虚假陈述,但该预测性信息必须进行充分的风险提示,编制基础具备合理性,并在必要时进行及时的更正。

有观点认为,本案应当以年报作为证券虚假陈述的实施日,理由如下。其一,业绩快报在显著位置做出了风险提示,"2021 年年度主要财务数据为初步核算数据,未经会计师事务所审计,可能与公司 2021 年年度报告中披露的数据存在差异,具体数据以公司正式披露的 2021 年年度报告为准,敬请广大投资者注意投资风险。"该提示已经明确表示所载 2021 年度的财务数据仅为未经会计师事务所审计的初步核算数据,所公布的数据并非其后进行正式信息披露的公司年度报告中的数据内容。其二,业绩快报发布后数日,行业指数上涨,被告股价阴跌,不符合诱多的股价反应。年报发布后,股价呈上涨趋势,虽然和大盘趋势相近,但更符合诱多的股价反应。

我们认为,就本案而言,上市公司发布业绩快报日,应当成为其虚假陈述的实施日。其一,预测信息与实际经营情况存在重大差异。2021 年业绩快报与其实际经营情况存在重大差异。虚增利润总额约占当期披露金额 57%。其二,根据财务造假的内容发布预测性信息。司法解释规定,"预测性信息所依据的基本假设、选用的会计政策等编制基础明显不合理的",不受安全港原则保护。举轻以明重,伪造合同故意进行财务造假明显比基本假设、选用的会计政策等编制基础明显不合理的情况严重,此类情况更不应受安全港原则保护。本案原告保证金合同系伪造,以此大幅虚增利润,据此发布的业绩快报显然也不应受安全港原则保护。其三,上市公司受行政处罚。业绩快报和年报数据基本一致,应当视为一个整体。上市公司发布年报的行为被处罚,吸收了前面预测信息这一较轻微的行为,不代表前面的行为不重大。关于重大性,还是应当综合考量进行认定,量价不应作为惟一考量因素。股票市场的股价形成因素非常复杂,以量价变化作为惟一考量因素可能缺乏合理性。

四、启示

本案的顺利化解,不仅为投资者挽回了损失,也为上市公司一揽子解决类案纠纷奠定了基础,是法院、金融监管部门、调解组织联合做深做实新时代"枫桥经验"的一次生动实践,也是"长三角一体化"发展战略下司法监管协同推动诉源治理的一次有效示范。为坚持和发展新时代"枫桥经验"贡献了金融司法力量。

主要做法:一是跨前一步协商联络。注重发挥金融司法与金融监管的协同善治功能,法院收案后第一时间与浙江证监局取得联系,排摸系列案件涉及投资者范围、上市公司经营情况等信息，共同研判诉前化解纠纷可行性。经沟通研究，最终确定优先采用和解方式化解纠纷的基本方案，并积极争取浙江证监局在后续工作中的配合支持，努力做到"调解一案，化解一片"。二是积极释明引导增强调解意愿。依据《上海证券交易所股票上市规则》，依托金融纠纷概括性诉前调解承诺机制，向涉案企业介绍先行调解的运行机制和主要优势。经释明引导，该上市公司最终同意系列案件全部优先采用诉前调解方式化解，并提交概括性同意诉前调解确认书，承诺后续同等情形案件原则上按本案确定的方案诉前调解。三是全面考量拟定调解方案。与浙江证监局多次就本案违法事实和处罚细节进行沟通确认，并充分听取双方当事人意见。经院内专业法官会议及证券业案件法官专业委员会讨论后，确定本案损失计算标准及处理方案。同时积极委托第三方专业机构进行损失核算，为系列案件调解工作的顺利开展奠定基础。四是多系统衔接在线完成解纷。考虑到原被告双方均不在本市，引导原告通过投资者司法保护综合平台在线递交起诉材料。收到材料后通过调解平台委派案件，同时委派上海、浙江两地的证券业调解组织联合开展调解。诉前调解成功后，依托在线诉讼平台组织双方当事人及调解员进行司法确认听证，并将司法确认裁定书电子送达至双方当事人，实现矛盾纠纷"云端"化解。

第四篇　期　货　专　题

案例1 期货居间人诱导交易引发交易者
损失调解案例分析

李瑶菲[*]

期货及衍生品交易具有发现价格、管理风险、配置资源等功能,我国期货和衍生品市场经过30多年的发展已成为中国国民经济高质量发展重要的"稳定器",在服务实体经济和国家战略中发挥着重要作用。近年来,上海法院受理的期货类纠纷日渐增多,出现一类期货居间人违规提供喊单、提供投资指导引发的新类型纠纷,导致交易者发生本金损失的同时还产生了巨额手续费[①]。交易者往往无法区分期货公司、期货居间公司的身份,主张未充分了解交易者投资能力、没有告知风险、诱导跟单、反向加仓等行为导致大额亏损。上海金融法院2019—2023年受理的该类案件中调解化解纠纷比率较高[②],本文通过一则调解案例对期货居间法律关系进行梳理评析,总结涉期货居间方违规喊单交易引发纠纷调解经验,同时向交易者揭示风险从而达到警示教育目的。

一、据以研究的案件

原告:武某

被告一:G期货公司

被告二:J互联网金融信息服务公司

被告三:J网络科技公司

被告四:Z信息技术公司

原告武某有投资需求,被告J互联网金融信息服务公司告知原告其是G期货公司的会员单位,可以提供投资服务。2017年8月,原告在被告J互联网金融信息服务公司的指导下,在被告J网络科技公司开发所有的"FSCJ"APP上开户,与G期

---

  * 上海金融法院综合审判一庭法官助理。

  ① 参见上海金融法院作出的(2020)沪74民初3239号、(2022)沪74民终41号民事判决。

  ② 自2019年至2023年间上海金融共受理交易者诉期货经纪机构、期货居间人违规提供投资建议案件7件,其中3件通过调解方式结案。

货公司签订并且通过 APP 内的"出入金"链接,将资金转给 G 期货公司。2017 年 8 月至 2018 年 11 月,原告受到各被告通过线上一对一家服、APP 战队辅导等方式不顾市场大势诱导原告频繁交易焦煤、铁矿石、焦炭等,导致原告损失共计约 1 107 万元,而各被告则从中赚取手续费高达 307 万元。原告认为,各被告事先根本没有了解原告的投资能力、承受风险能力等情况,在没有告知原告相关风险的情况下诱骗原告下载不符合法律法规规定的交易软件("FSCJ"APP,由某网络科技公司开发)。被告 G 期货公司明知道 J 互联网公司、J 网络科技公司、Z 信息技术公司没有期货投资咨询资质仍把交易数据和交易功能接入上述 APP,让原告误以为这是个正规合法的交易软件,并误以为 APP 中提供的咨询服务也是合法合规的,客服及战队人员也是有相应资质的。然而,客服及战队人员自始至终不顾市场大势频繁喊单,诱导原告跟单、反向加仓等,导致原告大额亏损,从中获利。客服及战队人员的相关从业资质无从查询。在原告开户签约过程中,J 互联网金融公司违规操作,事先给原告发送了风险测评题目及配套答案,保证原告可以通过风险测评。原告自始至终都认为是和 J 互联网金融信息服务公司沟通,但后期经原告调查以及诉讼过程中期货公司的陈述,Z 信息技术公司才是原告与 G 期货公司之间真正的居间方,且 J 互联网金融信息服务公司、J 网络科技公司、Z 信息技术公司的网站、链接、经营地址、业务互相串联混同。Z 信息技术公司与 J 互联网金融公司为同一办公地址,高管及法定代表人有重合、互为关联公司。因此,原告在本案诉讼过程中撤销对被告 J 互联网金融信息服务公司的起诉,追加 Z 信息技术公司为被告。

原告向上海金融法院提起诉讼请求:① 判令 G 期货公司赔偿损失 1 107 万元,及以 1 107 万元为基数自 2018 年 11 月 23 日起按照年利率6%计算至实际清偿之日止的资金占用利息。② 判令 J 金大师网络科技公司、Z 信息技术公司承担连带责任。

被告 G 期货公司辩称,作为具有期货资质的公司,其与原告通过电子形式签订了期货经纪合同、风险责任书等,原告通过开户视频验证本人身份。原告所诉的期货交易是符合期货经纪合同约定的合法交易,符合法律法规的规定,投资损失系市场波动引起,应由原告自担损失。至于原告所述的投资指导行为是微信中业务咨询,G 期货公司不知情也不认识。J 网络科技公司是 G 期货公司的软件提供商,两公司之间存在网络服务合同关系。G 期货公司对 J 网络科技公司授权通过 APP 开户,但是没有提供交易平台,所有数据交互是在 G 期货公司的服务器上产生,不违反相关法律法规,原告的交易数据均有记载,故请求驳回原告对期货公司的全部诉讼请求。

J 互联网金融信息服务公司(原告在法院调解过程中撤回对该被告的起诉,该意见通过整理该公司参加庭审的答辩意见得出)辩称,不同意原告的诉讼请求。J 互联网公司既不是原告期货经纪商,也不是原告使用软件 APP 的供应商,是介绍原告从事其他金融产品交易的居间商,2017 年介绍原告参与黄金银产品交易,并未参与本案期货交易行为。

J 网络科技公司辩称,不同意原告的诉请。原告作为有交易能力的完全行为能力人,在本案期货交易中发生的任何盈亏都应由原告承担。原告在期货公司开户的时候已经由期货公司进行风险测评,在安装注册 APP 时多个环节都有风险提示和告知。原告从事本案期货交易之前还曾经在 2017 年 1 月进行黄金延期交易行为,本身属于高风险偏好投资者。黄金延期交易规则与期货交易基本类似,包括递交保证金、T+0、做空做多双向下单等,原告对期货交易规则有充分认知。本案交易APP 是合法软件,原告所称被告违反大势指导、逆向喊单的指责缺乏依据。原告指责 APP 中战队人员反向加仓也没有客观事实依据,J 网络科技公司是 G 期货公司的软件供应商,自身没有参与期货交易,交易的对手方也非 J 网络科技或 G 期货公司。原告参与的期货交易通过期货交易系统成交,并非 J 网络科技公司可以控制。原告的投资盈亏是个人操作造成的,具体分解可为保守或激进、买卖时点、市场信息掌握情况等,与金大师网络科技没有关系。案涉 APP 平台上确实有战队展示股利交易、投资的情况,这是一种模拟操盘的咨询,不构成诱导。

本案经上海金融法院主持下各方达成调解,J 网络科技公司向原告支付 350 万元赔偿款,案件受理费减半收取,由武某承担。

二、本案期货居间法律关系评析

(一)期货居间经营模式

期货公司在提供期货交易业务过程中,通常会委托第三方为其提供订立期货经纪合同的中介服务,第三方独立承担基于中介服务所产生的民事责任、期货公司按照约定向其支付报酬,该第三方称为期货居间人。1999 年《中华人民共和国合同法》第四百二十四条对居间合同作出规定,居间合同是居间人向委托人报告订立合同的机会或者提供订立合同的媒介服务，委托人支付报酬的合同。然而，2020 年《中华人民共和国民法典》吸纳了上述合同法中居间合同的定义，但是将居间合同名称修改为中介合同，规定于第 961 条①。

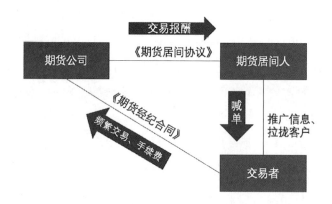

统计上海金融法院受理的期货纠纷案件发现，部分交易者同时起诉期货居间人与期货公司要求赔偿其因喊单等误导行为发生的穿仓或强平损失。从期货居间业务模式中可以看出，期货居间人负责为期货公司推广业务，协助期货公司与交易者签订期货经纪合同，从交易者进场交易后发生的手续费按比例获得报酬，这也是期货居间人喊单行为的主要动机所在。然而对于证券期货经验不足的交易者无法清楚分辨期货公司与期货居间人的法律关系，易受喊单指导交易等超越居间人身份行为误导发生损失。中国期货业协会发布的《期货公司居间人管理办法（试行）》自发布之日起实施，过渡期为自实施之日 2021 年 9 月 10 日至 2022 年 9 月 9 日。该办法的实施对解决期货居间人问题具有重要意义，但在过渡期内仍有不规范行为发生的可能，需交易者提高风险识别能力。

（二）期货居间人法律责任：适当性义务与风险揭示义务

期货和衍生品法正式实施和《期货公司居间人管理办法（试行）》过渡期满，期货居间业务步入规范发展的新车道。最高人民法院《关于审理期货纠纷案件若干问题的规定》第 10 条规定："公民、法人受期货公司或者客户的委托，作为居间人为其提供订约的机会或者订立期货经纪合同的中介服务的，期货公司或者客户应当按照约定向居间人支付报酬。居间人应当独立承担基于居间经纪关系所产生的民

---

① 民法典第 961 条，中介合同是中介向委托人报告订立合同的机会或者提供订立合同的媒介服务，委托人支付报酬的合同。

事责任。"中国期货业协会《期货公司居间人管理办法（试行）》（以下简称《居间人管理办法》，2021 年 9 月 10 日起施行）第 2 条规定："本办法所称居间人，也称为中介人，是指受期货公司委托，为期货公司提供订立期货经纪合同的中介服务，独立承担基于中介服务所产生的民事责任，期货公司按照约定向其支付报酬的机构及自然人。"期货居间人的法律地位及应承担的法律责任性质，不同于代理人及代理法律关系的性质。根据《期货交易管理条例》《证券期货投资者适当性管理办法》等行政法规、部门规章中规定，并参照《居间人管理办法》第 11 条之规定：期货公司与居间人签订居间合同时，应当要求居间人签署期货居间人承诺书，并要求居间人坚持投资者利益优先原则，在投资者与期货公司签订期货经纪合同前履行下列程序：① 居间人应当全面了解投资者的投资需求和目标、财务状况、投资经验、流动性偏好和风险承受能力等情况，对投资者的投资能力进行鉴别，将合格的投资者介绍给期货公司。居间人履行合格投资者确认程序并不免除期货公司履行投资者适当性义务。② 居间人应当如实向投资者告知居间身份，充分揭示期货交易风险，解释期货公司、投资者、居间人三者之间的权利义务关系，告知期货保证金安全存管要求。不得故意隐瞒期货投资的风险或者故意夸大期货投资的收益，不做不实、误导的广告与宣传，不进行欺诈活动。居间人履行风险揭示程序并不免除期货公司履行期货交易风险揭示义务。以上法律规定明确了期货居间人在从事居间业务中应当负有的适当性义务与风险揭示义务的具体内涵。

（三）期货公司应承担居间人管理责任

自然人期货居间人不是期货公司的从业人员，更不是期货公司的委托代理人，而是独立于投资者与期货公司之间的中介经纪人，但是期货公司与期货居间人（包括机构及自然人）之间并非绝对隔离。《居间人管理办法》属于行业协会自律规则，于 2021 年 9 月 10 日起开始施行，是对期货公司应当承担的期货居间人管理主体责任的进一步总结性完善、细化及严格规范。在目前我国法律法规及司法解释对期货公司与期货居间人之间的责任关系尚无相关规定的情况下，可参照《居间人管理办法》的相关规定。如期货公司对期货居间人疏于管理，未向交易者确认期货居间人的信息，未告知居间人不得从事诱导客户频繁交易、居间人报酬来自手续费等事项，导致期货居间人未履行投资者适当性义务，虽然期货公司的履约行为对于期货交易损失的发生不具有直接因果关系，仍应按照行为过错程度承担相应的赔偿责任。

在这里列举两个案例,说明期货公司管理居间人不当应承担的法律责任:

案例 1 为被最高法评为 2022 年全国法院十大商事案件的张某红诉居间人、期货公司纠纷案[①],该案中法院明确了交易者与居间人和期货公司之间的不同法律关系,分别认定了居间人和期货公司对交易者应当承担的适当性义务。案例 2 是谢某柯诉期货公司和居间机构的期货居间纠纷案[②],法院认定居间机构对谢某柯存在诱导交易的侵权行为,该行为和谢某柯的期货交易损失之间具有直接因果关系,而期货公司对居间机构存在疏于管理的过错,与期货交易损失具有间接因果关系,谢某柯本人对其期货交易损失也存在较大过错。最终,最高法酌定谢某柯自担 40%,居间机构承担 55%,期货公司承担 5%。

（四）本案法律争议及调解效果

在交易者诉期货公司、期货居间人、网络服务提供方赔偿交易损失、手续费案件中,各方的主要争议在于各被告方是否因上述不当行为而应对期货投资者的损失承担赔偿责任。本案中,G 期货公司与 J 网络科技公司共同发布 APP,双方之间以客户交易总额为费用结算条件,APP 中有大量的战队和提供咨询的客户聊天引导,使交易者误以为此种行为属于在监管部门监管下合法的投资建议。J 网络科技公司在居间过程中提供了期货买卖指导建议,通俗来讲是喊单、带单,该行为属于期货投资咨询业务范畴,未取得合法资质而从事该业务构成民事侵权。J 网络科技公司存在可归责的过错,应对武某的损失承担赔偿责任。另外,当该项违法所得达到情节严重标准就构成非法经营罪,还应当承担刑事责任[③]。

关于 G 期货公司应承担的责任,根据案涉交易当时的法律法规等规定,期货公司应当向交易者履行投资者适当性义务,武某开户时通过视频方式在线填写风险测评问卷,可以视为恰当履行了该义务。并且,在当时的法律法规体系下还没有明确期货公司对居间人的管理责任,因此难以认定原告的交易损失与 G 期货公司对 J 网络科技公司的管理制度之间存在法律上的因果关系。本案中,合议庭引导 J 网络科技公司与武某达成了调解,向武某支付 350 万元作为赔偿交易损失及返还部分

① 北京市高级人民法院作出的(2021)京民终 288 号。
② 来自中国期货业协会,最近登录时间 2024 年 2 月 23 日。https://www.cfachina.org/industrydynamics/mediaviewoffuturesmarket/202305/t20230530_43734.html
③ 戚永福、王振华:《期货居间人提供期货买卖建议的司法认定》,载《中国检察官》2023 年第 18 期。

手续费。

三、期货领域新时代"枫桥经验"实践样本经验总结

（一）厘清交易法律关系，以实质解纷为主要原则

要把"调"向法律关系深处拓展，让"解"更深入人心。在期货纠纷中，交易者往往不仅起诉期货公司，还将信息技术服务公司等期货居间人一同作为被告提起诉讼。期货公司、期货居间人、网络服务提供方三者主体身份及相互之间的关系混杂，导致交易者难以厘清其中的法律关系，无法正确表述侵权行为事实。在该类案件调解中，首先应帮助交易者理顺期货公司、居间人等交易主体身份信息、各方之间的法律关系，固定案件核心证据。证券期货纠纷的调解必须注重专业性、针对性，调解过程中时刻关注调解双方诉求变化，以最终实现实质解纷。

（二）主动指导保存证据，科技赋能提高效率

统计发现，交易者诉期货居间人违规提供交易指导纠纷中大多当事人的诉请因缺乏符合民事诉讼证据规定的证据无法有效证明目的导致难以被法院支持。例如，本案中武某所称的战队辅导等内容发生在 APP 客服对话（也有案件发生在微信聊天记录①）。此类案件中需要指导交易者保留证据，证明软件制作者、信息发布者的身份，必要时需向法院申请证据保全，减轻权利人举证负担，便于查清案件事实。同时，期货纠纷有着交易者分布在全国各地的特点，举证、质证参与案件审理面临着交通不便的难题。基于当事人便利和案件处理效率考虑，调解过程中借助信息技术手段通过线上调解方式可以让当事人感受到理解和尊重，同时拉近调解员与原被告之间的心理距离，能够更好地促进调解达成。

（三）多元共治形成解纷合力，重视交易者警示教育

期货及衍生品交易具有高风险的特征，专业性强，需要多方协调联动，多元共治。法院审理过程中可以积极引入外部行业解纷力量，借助行业监管机构的力量督促期货公司、期货居间人等服务机构依法向交易者承担责任。在解纷过程中，需要加强对交易者风险警示教育，尤其是针对老年人等不具备相关金融知识、缺乏网络信息设备操作技能的不合格投资群体，阐明期货交易、衍生品交易的高风险与高收益并存的特点，揭示期货居间经营模式，劝阻谨慎参与、不轻信诱导，从而实现

---

① 例如上海金融法院作出的（2022）沪 74 民初 2302 号民事判决，原告称受居间人委派的指导老师通过微信群组频繁喊单指导原告密集操作。

"调解一件，治理一片"的效果。

四、对策建议

基于上述调解案例的分析，提出以下三个方面建议：一是加强期货行业自律和监管，强化期货经营机构、期货服务机构公司内部风险控制、规范化经营。二是期货公司应加强对期货居间人的管理，规范期货交易业务流程，规范期货经纪合同格式条款文本。期货公司应向交易者明确说明居间人的身份以及居间人报酬来自手续费等事项。三是监管机构做好《期货及衍生品法》《居间人管理办法》等法律法规、行业规范的普及适用，严格规范期货居间人等期货服务机构提供的服务类型及内容，明确禁止各类期货服务机构通过各种方式诱导开户、"喊单、带单"指导交易、代理客户交易等违规行为，营造透明、高效市场秩序。

案例 2　杨某与证券公司、期货公司期货 交易纠纷案件评析

王燕玲*

投资者适当性管理一直都是金融经营机构内控管理工作的重中之重。2017 年 7 月 1 日《证券期货投资者适当性管理办法》(以下简称《管理办法》)正式实施以来,金融经营机构根据《管理办法》的规定,为了确实履行投资者分类义务、产品和服务分级义务、销售匹配义务,即"了解你的产品""了解并披露产品和服务""将适当的产品、服务销售给适当的投资者"义务,经营机构普遍建立了多层次,多角度,全方位的投资者适当性管理体系及内控保障体系。

随后最高人民法院关于印发《全国法院民商事审判工作会议纪要》(以下简称《九民纪要》)的通知,对如何确定经营机构适当性义务作出了明确、具体的规定,被称为史上最严金融销售规定,再创投资者保护力度的新高。尽管《九民纪要》并非司法解释,不能作为裁判依据直接进行援引,但可以作为裁判说理的参考依据,其出台为投资纠纷中投资者与金融机构责任划分确立了审判实践的基本方向。

在严监管、强举证的环境下,经营机构如何确实落实投资者适当义务,及投资者如何恰当的行使权利、维护自身的合法权益,无论是经营机构还是投资者都应当进行深入的思考。

一、案情简介

2018 年 5 月 7 日中午,杨某至证券营业部(IB 营业部)提出要开通期货账户。杨某至证券营业部后,先由其服务经理接待,然后由证券营业部期货 IB 岗员工接待。杨某登录了证券公司 APP 进行了风险承受能力评估,并确认了适当性评估结果,在 IB 端的风险承受能力为"稳健型",拟投资期限为"无特别要求",拟投资品种为"固收类",根据适当性匹配要求,拟投资品种不匹配,签署了适当性不匹配确认

---

* 华泰期货有限公司法律事务经理。

书,同时阅读并确认了《期货风险揭示书》和《期货中间介绍业务委托关系揭示》。

同日,杨某通过期货互联网开户云平台注册开户。上传其有效的居民身份证并填写相关的基本信息、指定存管银行,上传银行卡信息后进行适当性风险承受能力测评。其风险测评属于普通投资者中积极型风险承受能力投资者。

完成适当性测评后接入视频验证。在视频过程中,期货公司客服人员对杨某提供的身份证件信息与公安网进行核对,并通过比对提供的身份证图片,确保视频对象是杨某本人;通过询问确认是自愿开立期货账户且提供的信息及证件真实、合法、有效;确认已阅读并完全理解《期货交易风险说明书》《客户须知》《期货经纪合同》《普通投资者适当性管理风险告知》的相关内容;确认是本人独立完成投资者基本信息和《普通投资者风险承受能力问卷》的填写。完成视频验证后安装 CA 证书,完成协议签署和自助回访后提交开户申请。在回访中明确表示本次网上提交的开户申请为其本人真实意愿;明确理解期货市场交易规则并能够承受交易风险;确认知晓公司对其风险承受能力及适当性匹配意见的评估结果,已审慎考察金融产品或服务的特征及风险并进行充分风险评估,自行做出投资决定并自主承担投资风险。

2018 年 5 月 8 日,期货公司对杨某的开户资料进行了复核,并确认已经完成了 IB 端的适当性评估后,复核通过的开户申请,账户开立完成。

杨某 2018 年开户后至 2021 年争议发生前,杨某主要交易品种为玻璃、甲醇、铁矿石、苹果、液化石油气、黄大豆 1 号、棕榈油、漂针浆、锌、白银、冶金焦炭、精对苯二甲酸、石油沥青、乙二醇、红枣、镍、豆油等品种。杨某账户被期货公司执行强平 6 次,对账户强平事项,杨某未提出过异议。期货公司共向杨某发送追保、强平风险通知、短信共 600 余条,提示账户出现风险,请关注其账户风险情况,并及时处置。

杨某于 2021 年 4 月以证券营业部未就投资者开立期货账户审慎尽责为由对证券公司、证券营业部及期货公司进行了投诉。期货公司就该账户的开立情况多次与杨某进行了当面的沟通,并由专业律师为杨某提供咨询。但经多次沟通仍未能得到杨某的认可。该投诉后由调解机构进行调解,但由于杨某坚持要求索赔其交易损失,最终无法达成一致,调解失败。

调解失败后,杨某分别于 2021 年 6 月就该事项向监管部门进行投诉举报,监管部门就该事项进行了调查。监管部门调查后未支持杨某的相应诉求。杨某在多次投诉举报无果后,于 2022 年 10 月以财产损害赔偿为由向其所在地基层人民法院提起了诉讼,要求证券公司、证券营业部、期货公司连带向其赔偿交易损失人民币 100 万元。该案经期货公司提起管辖权异议后,案件移送到期货公司所在地中级人民法院进行了审理,经法院审理后生效判决证券公司、证券营业部、期货公司胜诉,驳回杨某全部诉讼请求。

二、案件争议的焦点问题

1. 经营机构服务人员是否存在主动推介期货服务的行为

杨某为中间介绍业务客户,对于营销行为的调查重点落在对证券营业部服务人员销售行为方面。在调查中,证券公司对该客户的服务经理进行了调查,通过查询服务记录、调取该日常服务沟通电话录音等,未发现服务经理于沟通中涉及期货业务,也未发现服务经理有主动推荐期货的行为。同时结合杨某投诉时称其 2018 年在网上论坛看到做期货可以挣钱后到证券营业部开立期货账户的说法,基本可以判断服务经理不存在主动推荐期货交易的行为。

2. 证券公司营业部、期货公司服务过程是否存在不合规情况

杨某争议的重点在于证券公司营业部、期货公司未就投资者开立期货账户审慎尽责,因而对服务人员是否存在违规行为的调查集中在客户开户前及开户时是否存在违反适当性管理的行为。杨某在争议处理过程中提到其风险承受能力问卷的内容不真实,调查的过程中也对证券营业部开户人员及期货营业部开户人员在投资者填写风险承受能力评估问卷时,是否进行诱导、误导、欺骗投资者,影响填写结果的情况进行了核实。一方面,在争议核查的过程中,杨某虽然提出其风险承受能力问卷上的选填内容不是其真实的情况,但其并没有提供任何的证据证明该等内容是证券营业部或期货公司的人员对于其进行诱导、误导、欺骗所致的。另一方面,杨某的风险承受能力问卷均通过券商 APP、期货云平台完成的,经核查并未发现有工作人员诱导、误导或欺骗的行为。最后,杨某在回访中也明确开户为其真实的需求,且由其本人完成了开户手续的办理,工作人员不存在任何违规的行为。

3. 证券公司营业部是否需要履行适当性管理义务

关于证券公司营业部是否应当履行适当性义务的问题。法院在判决书进行了专门论述。法院认为:经中国证监会核准,证券公司取得为期货提供中间介绍业务的资格,并为期货提供中间介绍业务。但证券公司作为从事中间介绍业务的机构,既不向杨某提供期货交易服务,亦不销售期货产品,所以其地位既不等同于金融服务提供者,亦有别于金融产品的销售者或者代销者。在中国证监会《证券期货投资者适当性管理办法》中,并未要求从事中间介绍业务的券商履行适当性义务;同时,根据中国证监会《证券公司为期货公司提供中间介绍业务试行办法》之规定,从事中间介绍业务的券商的主要义务仅仅在于向客户明示其与期货公司的介绍业务委托关系,解释期货交易的方式、流程及风险,不得作获利保证、共担风险等承诺,不得虚假宣传,误导客户,对客户的开户资料和身份真实性等进行审查,向客户充分揭示期货交易风险,解释期货公司、客户、证券公司三者之间的权利义务关系等。从本案在案证据可以得出,证券营业部配备了具有期货从业资格的工作人员,公示了期货中间介绍业务的相关信息,且通过 APP 提示杨某阅读并签署了《期货风险揭示书》《期货中间介绍业务委托关系揭示》,并向杨某告知了期货交易风险和中间业务介绍关系,同时杨某也未能举证证实证券营业部工作人员存在虚假宣传、误导性陈述行为或者作获利保证、共担风险等承诺。因此,法院不支持杨某关于证券营业部违反适当性义务应当赔偿其损失的主张。

4. 期货公司是否已经落实了适当性管理义务

关于期货公司是否有履行适当性义务的问题。法院在判决书中进行了以下论述。法院认为,首先,期货公司制定了《投资者分类管理办法》《普通投资者分类标准披露》《产品/服务风险评级标准披露》《投资者适当性管理制度》《产品服务风险分级评价管理办法》等制度和业务规则,且前述制度内容并未违反法律、法规规定,因此,法院认为期货公司已经建立风险评估及相应管理制度。

其次,杨某申请开立期货账户时,期货公司已经对其风险认知、风险偏好和风险承受能力进行了测试。风险测试中投资者的信息由投资者自己提供,金融机构没有且事实上也不可能去履行逐项核实投资者信息真实性的义务,所以因投资者故意提供虚假信息产生的后果,应当由投资者自负。根据杨某的自认,其在测试中提供了大量虚假信息,且提供前述虚假信息的动机亦只可能出于故意,所以即使杨某故意提供大量虚假信息的事实成立并导致期货公司对其风险承受能力评估错误,进而导致杨某接受的服务不适当,也不能因此要求期货公司承担相应责任。需要特别指出的是,证券从业资格、期货从业资格和基金从业资格考试条件为高中以上,即使杨某勾选了其学历为高中及以下,期货公司亦不能仅因此断定杨某没有前述从业资格。

最后,杨某签署了《期货交易风险说明书》《普通投资者适当性管理匹配意见告知与风险揭示确认书》《期货经纪合同》《数字证书用户责任书》《期货公司有限公司银期转账业务使用协议》《手续费收取标准》等文件的事实,可以证明期货公司已经向其告知产品(或者服务)的收益、交易成本和主要风险因素。虽然杨某认为期货公司强制阅读时间设置过短,但强制阅读时间为最短阅读时间而非最长阅读时间,如果投资者认为时间不足以阅读全部文件,完全可以花费更长时间在仔细阅读完毕后再签名确认;同时即使设置更长的强制阅读时间,如果投资者自己无意仔细阅读文件,金融机构亦不可能对其采取措施强制其阅读。所以强制阅读时间的长短设置,不会损害杨某的知情权。

综上,法院认为杨某关于期货公司未履行适当性义务的主张,缺乏事实依据和法律依据,对其主张不予支持。

三、案件启示

1. 投资者适当性义务强调"卖者有责"的同时,也强调了"买者自负"原则

适当性义务的设立虽然有明显倾斜保护投资者一方的意图,要求卖方将适当的产品或服务销售、提供给适当的客户,负担起合理推荐、适当销售的义务,但同时也规定了投资者提供真实信息、配合卖方履行适当性义务的责任。适当性义务的本质是保护金融交易中所有践行了合理谨慎、履行了诚信义务的交易主体,而不仅仅只是作为单一保护投资者利益的制度安排。

以《九民纪要》第78条为例,将金融消费者故意提供虚假信息作为金融机构免责事由。实践中存在不少投资者由于各种原因故意向金融机构提供虚假信息的情况。如果客户故意提供虚假信息,一般应由客户承担交易风险,因为此种情形下金融机构对虚假信息是不知情的。当然,该免责事由也不意味着金融机构对于客户提供的信息可以不加审核,不加判断的照单全收。金融机构对客户提供的信息也应保持合理谨慎,不能只作形式审查,否则可能被认为存在过失。

在本案中,杨某一直强调其风险测评问卷的选项是虚假的,不能反映其真实情况。其代理人更是在法院庭审中当庭自述杨某的问卷大部分答案都是虚假的。对此,法院从《九民纪要》的审判思路出发,认为风险测评中投资者的信息由投资者自己提供,金融机构没有且事实上也不可能去履行逐项核实投资者信息真实性的义

务。且杨某否认了大部分的风险测评问卷选项，可以判定杨某提供虚假信息是故意的。而且基于杨某的风险测评问卷的选项的逻辑，也没有存在明显不符合常理的，因此，认定金融机构已经进行了必要的审核。因投资者故意提供虚假信息产生的后果，应当由投资者自负。

综上，适当性义务基于"信赖"而产生。强调适当性义务的目的是为了确保投资者能够在充分了解产品性质及风险的基础上作出自主决定，投资者在金融产品和服务交易过程中，也应当确实从自身的实际情况出发，对自身的交易行为负责，不得滥用投资者适当性的规定来逃避自身应当承担的责任。

2. 金融机构落实投资者适当性管理义务，需要考虑监管机构与司法机关的综合判断

司法机关与监管机构在金融机构适当性义务的具体落实、产品的风险等级评定、投资者的投资经验认定、金融机构的过错认定等诸多方面还是存在很多差异的。如本案中，关于证券营业部是否需要履行投资者适当性管理义务，即中间介绍业务是否需要履行适当性管理义务的问题，也可以看到监管机构与司法机关对该问题的判断是存在一定差异的。在本案中，杨某向监管部门投诉的时候，监管部门对该案件进行了监管调查。在调查过程中，监管部门重点关注了证券公司营业部开展 IB 介绍业务的资质和人员资格、证券公司与期货公司 IB 协议约定的双方义务落实的情况及双方投资者适当性管理的执行情况。结合监管调查的关注重点，我们可以看到，虽然在监管规定上并没有直接规定 IB 介绍业务是否需要落实投资者适当性管理义务。但是在客户投诉纠纷的调查中，监管部门还是会关注证券营业部是否有对客户进行风险测评，风险告知及适当性匹配管理等。而在司法审判中，通过本案法院的论述我们可以看到司法机构的观点认为 IB 介绍业务无须落实投资者适当性的管理要求。因而，对于金融机构来说，在落实适当性管理要求的时候应当充分了解监管机构及司法机构的综合判断要求，方能最大程度减少监管风险及法律风险。另外，金融机构对于适当性的落实要留存相关证据资料。留存相关证据资料，既是依法依规经营的体现，亦是面对质疑论证已完成适当性义务的有力证明。

案例3 期货交易纠纷调解：案例深度解析与风险防控策略
——以闵某与某期货公司强行平仓纠纷案为例

佟　宇[*]　刘梓欣[**]

一、案情简介

（一）案件起始

客户闵某于 2022 年 3 月通过某期货公司（以下简称"期货公司"或公司）开立期货账户，2023 年 12 月 7 日纯碱合约行情发生剧烈变化，客户账户风险率已达到合同约定的强平标准，期货公司于当日 11 时 06 分根据合同约定将客户 10 手纯碱 SA403 空单合约挂单强平。客户认为此次强平措施不合理，诉求期货公司赔偿其账户因本次强平措施产生的相应损失，并恢复其账户强平前的保证金比例。

（二）事发经过

1. 强行平仓，引发纠纷

2023 年 12 月 7 日日盘开盘后，纯碱合约行情发生剧烈变化，闵某账户盘中交易所风险率达到了 109.06%，已达到合同约定的强平标准，期货公司以电话的方式紧急通知账户持有人闵某及时入仓或减仓，但闵某的自行平仓操作未有效地化解风险，最终账户合约被强行平仓，强平后账户保证金收取比例提高 2 个点。

2. 争议过大，双方协商解决未果

强行平仓后，客户通过公司投诉热线、省期协、12386 服务平台对期货公司进行了多次投诉，就其强平措施提出异议，并要求给予 45 000 元的赔偿。期货公司接到投诉后及时调查处理，认为其做法充分履行了通知义务，强平措施合法合规，因此带来的后果应当由客户闵某自行承担。双方的主要观点如下。

---
　　* 北京大成（合肥）律师事务所高级合伙人，中证资本市场法律服务中心调解员，中国证券业协会证券纠纷调解员，中华全国律师协会金融委员会委员，最高人民检察院民事行政专家，安徽省人民政府特邀行政执法监督员，安徽省公安厅、安徽省司法厅法律顾问，安徽省人民检察院省级人民监督员。
　　** 北京大成（合肥）律师事务所见习生。

闵某认为,期货公司的本次强平行为属于不合理强平客户合约,造成了严重损失和不便。期货公司在 12 月 7 日 11:04 电话通知其追加保证金等平仓操作,而 11:06 就直接进行强平持仓合约,未预留足够的时间完成追保等操作,违反了《期货交易管理条例》中关于"客户未能按照合同约定的时间追加保证金"规定的条件。此外,闵某对强平时的价位也提出了异议,认为期货公司选择了该合约最高价位(2466)的时间点进行了强制平仓,而非按照中午时的收盘价(2429)强平,因此要求公司支付其 3 700 元和解金并恢复其强平前账户保证金比例。

某期货公司认为,本次强平措施是符合合同约定的。首先,期货公司于 12 月 6 日晚已经向客户发送了交易结算单,附有风险警示通知书,此后又于 20:59、21:32 和 22:04 时分别发送了风险提示。12 月 7 日 11 时,合约行情出现了剧烈变化,闵某账户风险率超过了交易所规定的 100%,纯碱合约在 11:05 时已经触及涨停板,价格为 2 466,公司在 11:04 通知客户后进行了强平操作,及时地控制了客户账户的损失,在行情剧烈变化的情形下,公司已通过多种方式履行了通知义务,并且给予了客户较长的时间以完成追保等操作,不存在违规违约的行为。其次,就强平时的价位而言,公司强平时正好处于纯碱合约触及涨停板的时间,不存在选择余地。在公司强平执行没有过错的情况下,案涉营业部先后提出多种补偿方案并承诺客户的资金账户降低不再有强平危险时,公司将会按照规定的程序及时恢复其保证金比例。

在投诉的协商过程中,本着妥善化解投诉纠纷的目的,期货公司表示愿意补偿 2 200 元以了结此事。但由于双方对和解金额存在一定分歧,最终未能达成和解。

二、调解过程及结果

经双方当事人同意,该纠纷提交中证中小投资者服务中心(以下简称投资者服务中心)申请调解处理。投资者服务中心受理该纠纷后,按照调解规则从兼职调解员专家库中选择了佟宇律师担任本次纠纷的公益调解员。

在接到纠纷的案件材料后,为提升调解效果,调解员佟宇律师有针对性地制定了调解方案。

第一,在完整分析案情的基础上判断期货公司是否存在过错。调解员结合案件材料分析后认为,基于金融机构适当性义务的原则,期货公司作为法定的期货经纪机构,其已经严格按照合同约定和法律规定全面履行了告知提示义务,期货市场作为一个风险管理场所,本身就存在着一定的高风险性、高投机性的风险,客户闵某作为适格的投资者主体,在期货公司多次向其发送风险警示通知后应当有责任时刻关注自己的账户风险,采取追加保证金或者其他有效降低风险的措施以避免强行平仓的现象发生。因此期货公司不存在过错。

第二,在及时联系当事人沟通的基础上协商具体的和解金额。调解员采用线上、线下的沟通方式与当事人交流之后,考虑到双方利益平衡,以客户的"按照强平时与中午收盘时的差价计算十手合约的价格,总计3 700元"的和解方案为基础,通过反复沟通,向客户解释其主张的相似案例与本案关键问题的不同之处,分析期货公司在强平行为上不存在过错的原因,并出于维系良好的客户关系目的,与期货公司的负责人展开协商,在当事人的诉求中选择了一个折中的价位,以3 000元的金额达成和解。

第三,在之前调解工作的基础上,经过调解员佟宇律师的耐心细致的协调和沟通工作,纠纷双方正式达成调解协议,由期货公司案涉营业部补偿闵某3 000元,闵某在收到补偿款后撤回平台的投诉,一次性了结本纠纷。

三、案件评析

本案的关键问题在于:① 某期货公司的强平措施是否有合同和法律依据。② 本次强平措施产生的损失赔偿问题。

(一) 关于某期货公司的强平措施是否有合同和法律依据

首先,公司强行平仓是否有合同依据的认定。民法典第464条规定,合同是民事主体之间设立、变更、终止民事法律关系的协议。某期货公司与闵某签订的《期货经纪合同》,系双方真实意思表示,未违反法律、行政法规的强制性规定,其中关于强行平仓权利的条款也不存在民法典第497条规定的格式条款无效的法定情形,应属合法有效,双方均应依约履行。

本案中,双方签订的《期货经纪合同》第61、62条约定了强行平仓的实施条件。根据本案事实,期货公司在12月6日交易结算单中发出了风险警示通知书以告知闵某的账户风险率已超过90%,之后又以电话、短信和APP客户端等多种方式向闵某发送了风险提示及相关通知,直至当晚22:04时,闵某的账户风险率已达到合同约定的强平标准,闵某得知后立即合计入金2万元,此时交易所风险率降至98.96%。而由于合约行情变化剧烈,12月7日日盘开盘后闵某的交易所风险率又达到了100%以上,公司于11:03电话通知将要进行强平,并表明强平前不再电话通知。闵某也表示得知风险率达到了公司的强平标准,并立即自行平仓铁矿石 i2401 合约 1 手,但未有效化解风险。根据《期货经纪合同》第 62 条的约定,12 月 7 日 11:06 时,闵某账户可用资金<0,且闵某的交易所风险率已达到 109.06%,期货公司有权进行合约强行平仓。因此,期货公司行使强平权符合合同约定。

其次,公司强行平仓是否有法律依据的认定。闵某主张公司行使强平权不符合《期货交易管理条例》中关于行使强平权的前提条件"客户未能按照期货公司规定时间及时追加保证金或自行平仓"的规定。

笔者认为闵某的主张不能成立。根据民法典第 509 条规定,当事人应当遵循诚信原则,根据合同的性质、目的和交易习惯履行通知、协助、保密等义务。期货公司实施强行平仓前向客户通知属期货公司的法定义务。从金融机构适当性义务上看,告知说明义务的履行是金融机构履行适当性义务的关键,期货公司作为期货服务交易商,已经于12 月 6 日通过结算账单向闵某推送了风险警示通知书,除此之外还根据《期货经纪合同》第 46 条约定的辅助通知方式——短信、电话和交易系统履行了通知义务,充分履行了作为卖方机构的适当性义务,不存在不当履行合同的情形。从投资者注意义务上看,闵某为本科学历,具有较高文化水平,其对于期货的操作流程和风险等,是充分知晓并有相当经历的,并且期货公司的所有开户流程均按照证监会的适当性要求办理,对客户进行风险提示,闵某是能够充分知晓和辨别风险的。据此,期货公司作为期货交易服务商,充分履行了期货服务机构管理的适当性义务,已尽到"卖者尽责"的法定义务,无任何违规操作行为。

综合以上分析,某期货公司的强平措施有合同和法律依据。

（二）关于本次强平措施产生的损失赔偿问题

基于"卖者尽责,买方自负"的原则,本案中期货公司的强平措施有合同和法律依据,根据《最高人民法院关于审理期货纠纷案件若干问题的规定》第 36 条,客户的交易保证金不足,又未能按期货经纪合同约定的时间追加保证金的,按期货经纪合同的约定处理;约定不明确的,期货公司有权就其未平仓的期货合约强行平仓,强行平仓造成的损失,由客户承担;第 40 条规定,期货公司对客户未按期货经纪合同约定的强行平仓条件、时间、方式进行强行平仓,造成客户损失的,期货公司应当承担赔偿责任;以及案涉《期货经纪合同》第 62 条约定,当客户的交易所风险率>

100%时,期货公司有权在不通知乙方的情况下,对客户的部分或全部未平仓合约强行平仓,直至客户的可用资金≥0。客户应承担由此产生的结果。因此,只有当期货公司强行平仓存在不合法或瑕疵之处造成客户损失的,期货公司才应承担赔偿责任,本案中,闵某自愿开设账户,自行进行期货交易,所产生的盈亏风险应由其自行承担,即"买者自负",应当由闵某承担由此产生的损失。

四、本案启示

（一）金融机构的适当性义务与投资者注意义务

投资者适当性义务是指金融机构在向金融消费者推介高风险等级金融产品,以及为金融消费者参与高风险等级投资活动提供服务的过程中,必须履行的了解客户、了解产品、将适当的产品销售给适合的金融消费者等义务[①],以"买者自负、卖者尽责"为原则,目的是让整个金融市场做到买卖尽责自负,不过分放大卖方机构的责任承担,有利于培养投资者逐步摒弃过去无视项目风险、盲目投机的投资方式。

适当性义务的内容通常包括了解客户义务、了解产品义务、客户与产品匹配义务以及风险揭示义务[②],金融机构尽到的义务重点是"告知说明义务",即金融机构应当向客户充分披露、说明该金融产品和服务的风险。金融产品的复杂程度往往与其风险揭示的难度成正比。金融产品销售中风险揭示主要分为两种,一种是通过向投资者发放专门的风险揭示书,说明购买该金融产品或服务可能带来的市场风险、信用风险、流动性风险等;另一种则是在合同中专设风险揭示一节,以提示消费者。在交易全过程中,在发生行情变动剧烈的情况时,投资者适当性义务是认定金融机构有无过错的基础,因此,期货公司等交易服务商应当在充分了解金融产品的性质和客户基本情况的基础上,充分履行告知说明义务,并留存相关证据,提高公司风控能力。

（二）期货纠纷中的举证责任

在案件审理中,金融消费者对其主张的购买产品或接受服务的相关事实,应承担举证责任。卖方机构对其是否履行了了解客户、适合性原则、告知说明和文件交

---

① 2019 年最高人民法院《关于印发〈全国法院民商事审判工作会议纪要〉的通知》第 72 条。
② 《证券期货投资者适当性管理办法》第 3 条、第 13 条等相关规定。

付等"适当性"义务等案件事实,应承担举证责任。[①] 结合本案,期货公司就其充分履行告知说明义务提交了详细的证据,具体包括:① 12 月 6 日案涉账户交易结算单和风险警示通知书、12 月 6 日晚履行通知义务的具体时间、方式和内容记录和 12 月 7 日的电话录音,以证明已履行告知说明义务,且预留了较长的时间段给客户完成追保操作。② 案涉《期货经纪合同》关于强行平仓行使条件的约定、强平时客户账户风险数据,以证明公司的强平措施符合合同约定。③ 案涉纯碱合约的行情历史分时图、当事人签署的保证金确认表,以呈现协商时强平时的价位问题以及对于客户恢复保证金比例诉求的回应。因此,遇上极端行情,期货公司首先应提前做好风险排查,进行风险压力测试。若期货公司风控人员能够及时预判客户账户的风险状况,在时间允许的情况下,期货公司可以尽可能多次致电客户,做好电话录音、短信通知、客户交易端通知等相关留痕。尤其是当遇到极端行情时,压力测试可以为期货公司争取到更多的通知。

（三）期货公司强行平仓权的行使条件

《中华人民共和国期货和衍生品法》（以下简称《期货和衍生品法》）等法律法规、司法解释以及《期货经纪合同》均明确期货公司可以强行平仓。我国的相关法规、司法解释对于强行平仓规定了严格条件,如果不加以限定就会侵犯客户的合法权益。因此,期货公司应当依据法律规定以及合同的约定实施强行平仓。根据相关法律法规、司法解释的规定及《期货经纪合同》的约定,一般而言,期货公司强行平仓需要同时满足下列几个条件[②]:① 期货交易者存在保证金不足,《期货和衍生品法》第 41 条规定,客户保证金不符合约定标准,客户没有在约定的时间内追加保证金或者自行平仓,结算参与人应当强行平仓。② 期货公司需要履行通知义务,《最高人民法院关于审理期货纠纷案件座谈会纪要》第 5 条第 6 款规定了强行平仓的通知义务。当客户的保证金不足时,期货公司要给客户及时发送通知,使客户能够知晓并及时处理风险。③ 客户未及时追加保证金或者自行平仓,根据《期货交易管理条例》第 34 条的规定,期货公司在实施强行平仓这一强制交易行为前,给予其客户相对合理的时间采取措施,若客户未进行风险处理的情况下,此时方可实施强

---

① 2019 年最高人民法院《关于印发〈全国法院民商事审判工作会议纪要〉的通知》第 75 条。
② 参见阮少凯:《信义关系视角下期货强行平仓的法律性质与规范路径——兼评〈期货和衍生品法〉第 41 条第 2 款》,载《金融发展研究》2023 年第 10 期。

行平仓行为;④ 适度强行平仓原则,《期货纠纷若干规定》中规定的期货公司强行平仓的数量,与其要求客户追加的资金应当是基本上相当的,不能与其要求追加的资金金额相差过多。

在满足以上强行平仓条件的情况下,期货公司完全是按照交易规则、合同约定进行的强行平仓。在这种情况下期货公司履行了其适当性义务,并没有损害客户权益,期货公司没有过错,不承担强行平仓的法律后果,即因强行平仓而产生的损失和包括手续费等费用均由客户自行承担。

（四）类案纠纷调解思路

在期货纠纷案件中,由强平引发的投诉和纠纷是最常见的,最常见的类型之一是客户认为期货公司未留足合理的时间进行自行平仓操作,以此认定期货公司行使强平权不符合法律规定。

现有司法判例认为,客户风险率超 100% 时,应给予客户合理时间追加保证金。基于"买者自负、卖者尽责"原则分析,合理时间判断的本质即认定金融机构是否充分履行了告知说明义务。关于合理时间的认定,实践中主要考虑以下因素[1]: ① 客户自身的客观条件。需要考虑到客户作为投资者从事期货交易的时间长短和交易经验、是否在合同未明确约定合理时间的情况下及时协商一致达成延长或变更追加资金时间的合意、客户是否充分且明确的收到风险提醒通知,以及客户是否开通网上银行账户交易服务等。当然,此类客观条件在突发异常行情的早期尤其需要提前考虑。② 区别应对当时行情的剧烈程度及客户账户的风险程度。若客户的风险度比较低,行情的波动也比较平缓,那合理时间可以要求相对长一点;但如果行情极端,客户的风险度也非常高,那对于期货公司预留的合理时间则不宜过于苛刻。③ "投资者自负"义务的履行程度。需要考虑到客户对自身账户的关注程度,若客户收到期货公司的相关风险提示通知后没有积极主动的关注和及时处理账户风险,那么在账户风险加剧达到强平时,以期货公司未给予合理时间进行处置而对强平提出异议的,显然不能成立。期货公司要经常提示投资者:他们有责任时刻关注自身的持仓和账户风险,投资者永远都是账户风险处置的第一责任序位。

调解员在处理此类期货纠纷时,用好定纷止争的技巧是至关重要的。虽然在

---

① 参见陈丽琴:《期货交易纠纷法律问题研究》,载《产业与科技论坛》2012 年第 11 期。

一些期货纠纷中,调解员做到了以案件事实为根据,符合相关法律规定、合同约定,但仅凭此是无法解决纠纷的。因此在调解过程中,一方面,可以采用换位思考法,在充分理解客户因行情变化遭受损失的心情的基础上,付出更多的耐心、同情心和责任心,站在纠纷当事人双方的立场和角度,促使当事人全面解决纠纷,这有助于与当事人顺利沟通,得到对方的信任。此外,要引导、启发当事人互相之间进行换位思考,比如在本案的调解过程中,客户对调解协议内容条款的表述上存在不满,认为其用语过于绝对化,调解员佟宇律师站在客户的角度与期货公司沟通调整部分措辞,并向客户解释此种方式属于正式文件的规范条款表述,取得了客户的理解。另一方面,可以采用背靠背调解法,即分别对当事人进行个别谈话沟通,在调解的过程中只有一方当事人和调解人员到场的调解方法,由调解员分别对当事人进行说服、教育,使双方不断让步,分歧趋于接近,从而促成调解。在由强平引发的期货纠纷中,双方对事实的认识分歧较大,谈判底线也相差悬殊,客户可能存在明显的对抗情绪,采用此种方法可以更好地得到当事人的信任,更加有效的促成调解。

五、结语

强行平仓是期货公司对客户采取的最为严厉的风险控制措施,会对客户权益产生重大影响。因此,期货公司应当根据法律规定以及期货经纪合同约定采取强行平仓措施,并应以专业的知识、尽责的态度、善意的初衷谨慎适用,合理进行强平操作,实现"卖者尽责,买方自负"。此外,强行平仓的程序条件是当事人常见的争议焦点,因此当客户的保证金不足时,期货公司应全面履行金融机构的告知说明义务,给予客户合理的时间追加保证金,即便不得已强行平仓也要注意价位、时机等的适当性,避免因强行平仓不当而承担责任。

第五篇　理　论　研　究

证券交易领域机会利益损失纠纷实证研究

华泰证券课题组[*]

华泰证券课题组[*]

一、研究背景分析

(一) 案例切入

自 2007 年通过某证券公司开立证券账户以来,投资者 A 频繁进行股票交易,并在 2020 年开立期权账户,同步开展股票期权交易。投资者 A 此后前往境外某国,发现手机期权交易软件无法照常使用。证券公司获悉情况后,及时向投资者讲解电脑委托交易方式,还于当日紧急向投资者提供手机交易软件境外登录路径并发送操作演示视频,投资者反馈可以正常使用手机交易软件,但登录时间已临近收盘,声称"原定交易计划无法实现",要求证券公司赔偿其期权合约直接损失以及受影响时段内无法开展期权交易产生的预期收益损失上百万元,并向调解组织申请调解。

针对本次调解申请,调解组织积极沟通投资者、证券公司双方了解纠纷情况,确认投资者 A 个人风险测评等级为积极型,未发现与期权业务适当性不匹配情形,同时调取期权账户交易数据,投资者 A 所称"受影响时段"不涉及存量期权合约到期、行权、平仓等情形,未发现期权合约直接损失,本次纠纷焦点集中其所称"无法开展期权交易产生的预期收益损失",即机会利益损失。

为推进纠纷处理,调解员多次组织开展现场协商,并结合投资者 A 与证券公司签署的《股票期权经纪合同》相关条款,解释前期合同已针对交易委托风险进行揭示,相关证券公司向投资者提供电脑、手机交易软件等多种交易服务,并在收悉投资者反馈后及时提供替代性交易服务方式,未发现证券公司应当对投资者 A 所称"机会利益损失"进行赔偿的合理性。经各方数轮沟通,投资者 A 最终意识到此前巨额赔偿诉求于法无据,随后通过调解渠道与证券公司达成和解,并以书面方式确

* 课题负责人:顾成中,华泰证券合规法律部负责人;课题组成员:吴加荣、陈苗、周岩、周文威,华泰证券合规法律部员工。

认纠纷事项已了结,实现"案结事了"。

（二）案例简析

此类涉及交易系统的纠纷案例并非个例,根据投保基金公司披露数据,2020 年至 2021 年,证监会 12386 服务平台累计收到交易系统问题相关投诉超 2 000 件①。结合市场公开信息,2023 年多家证券公司发布公告提及交易系统故障,随之引发的批量投诉纠纷中,广大受影响投资者纷纷提出"假如顺利挂单买入/卖出若干股票,就会盈利/减少亏损若干元",要求证券公司针对此类机会利益进行赔偿。上述投诉纠纷的争议核心在于投资者直接损失与间接损失的认定范畴,是否支持投资者交易机会利益损失赔偿始终是纠纷解决的焦点。

二、机会利益损失求偿权分析

从我国当前民商法研究出发,"机会利益"这一概念脱胎于缔约双方的信赖利益,由于一方合同当事人不履行或不适当履行合同,造成对方当事人因信赖合同能够履行而遭受的相关费用损失,主要包括缔约准备费用、缔约成本、机会损失等②,中国法学会副会长、中国人民大学王利明教授指出"机会利益的丧失属于非违约方所遭受的客观损失,应当获得法律救济。由于机会利益的丧失具有不确定性,在对其提供救济时应当进行必要的限制,如要求非违约方能够证明其客观上具有相关的订约机会,此种缔约机会损失具有确定性等"③。围绕这一方向,全国人大法工委立法专家、清华大学崔建远教授进一步提出了"事件链"的概念,即"根据系列事件的发展演变,确定机会利益损失产生的可能程度,以至损失数额。任何一个链条断裂,就中断机会利益的损失再生,自此之后产生的损失不划入赔偿范围"④。结合上述观点,本文立足于我国证券行业实践现状,尝试探讨证券交易领域机会利益损失和相对应的求偿权基础。

（一）委托代理合同义务

根据证券行业实务,投资者与证券公司签署《客户账户开户及证券交易委托代理协议》后,证券公司依照约定为投资者办理证券开户并提供交易委托服务。上述

---

① 参见投保基金公司:《中国资本市场投资者保护状况蓝皮书——证券公司投资者保护状况评价报告（2022）》。
② 参见王利明:《违约中的信赖利益赔偿》,《法律科学》2019 年第 6 期。
③ 参见王利明:《违约中的信赖利益赔偿》,《法律科学》2019 年第 6 期。
④ 参见崔建远:《论机会利益的损害赔偿》,《法学家》2023 年第 1 期。

协议通常约定投资者可通过柜台委托、网上委托、电话委托等方式下达委托交易指令,证券公司按照投资者发出的合法有效的委托,向交易所或证券登记结算机构发送委托指令,并根据证券登记结算机构反馈的清算数据,按照交易和结算规则代理开展清算交收。上述服务关系中,投资者向证券公司支付佣金,即有偿服务。如出现归咎于证券公司的系统故障,导致投资者无法正常委托或无法撤销委托,构成证券公司未履行合同义务情形。民法典第 577 条规定,当事人一方不履行合同义务或者履行合同义务不符合约定的,应当承担继续履行、采取补救措施或者赔偿损失等违约责任;民法典第 929 条进一步规定,有偿的委托合同,因受托人的过错造成委托人损失的,委托人可以请求赔偿损失。依据上述条款,投资者可请求证券公司承担赔偿损失的违约责任。

关于损失赔偿范围是否包含投资者因系统故障错失的交易机会,即证券公司是否应当赔偿投资者机会利益损失。民法典第 584 条规定,当事人一方不履行合同义务或者履行合同义务不符合约定,造成对方损失的,损失赔偿额应当相当于因违约所造成的损失,包括合同履行后可以获得的利益;但是,不得超过违约一方订立合同时预见到或者应当预见到的因违约可能造成的损失。从该条款的语义表述"合同履行后可以获得的利益"来看,证券交易机会利益损失的求偿权应当得到支持。然而部分学者认为,机会利益具有较强的或然性,属于概率事件,机会本身是一种可能性,金融市场是多因子构成,天然具有专业性和复杂性,单因子变化导致该机会最终不一定得到实现从而转化为价值,且受限于当事人能力的大小,带有一定的"臆测性",即使投资机会没有丧失,将来获利数额尚未确定[①],从而否认机会利益损失应当获得赔偿。笔者认为,尽管证券市场相对于其他日常合同履约场景更为复杂,并呈现复杂多变等特性,然而仅从事后"赔偿数额难以确定"推导出事前"否认机会损失"的存在,并不符合民法典确立的诚实信用基本原则,明显损害合同信赖利益。从法律公平正义这一基本要求出发,我们应当正视证券交易领域机会利益、机会损失及对应求偿权的客观存在。

(二) 过错认定及举证责任

关于证券交易领域系统服务纠纷,一方面需要梳理投资者账户交易机会的可

---

① 参见刘承题、孙启隆:《论机会损失赔偿之确定》,《山东法官培训学院学报》2023 年第 3 期。

行性,另一方面还应当关注证券公司服务本身是否存在过错。中国法学会证券法学研究会编撰的《证券法律评论》曾刊文提道,证券交易领域涉及转账、委托交易、撮合、清算等多个环节,牵涉到证券公司、交易所、登记公司、银行、通信电力服务商多个责任主体,责任主体的界定及过错判定的标准是一个技术障碍①。鉴于证券公司交易服务基础为委托代理协议,以及投资者未与交易所、证券登记结算机构等建立合同法律关系,按照合同相对性原则,应当强调证券公司对自身交易服务的注意义务,从而消弭合同双方在系统服务这一专业领域认知的显著差异,维护合同公平。正如前文学者呼吁的"如证券公司对诸如应当预见的问题而没有预见,对技术的维护、测试未达到行业同行的标准,未尽到勤勉谨慎义务导致操作失误等情形,就都应纳入未尽合理注意义务范围"②。

2019年修订的新证券法开宗明义地点出"证券公司应当依法审慎经营,勤勉尽责,诚实守信"这一原则要求,并在新设的投资者保护专章中添加举证责任倒置机制,即"普通投资者与证券公司发生纠纷的,证券公司应当证明其行为符合法律、行政法规以及国务院证券监督管理机构的规定,不存在误导、欺诈等情形。证券公司不能证明的,应当承担相应的赔偿责任"③。上述条款都彰显出,证券公司应当在符合法律法规、行业规定的基础上,规范开展包括交易服务在内等各项行为,并履行对应的证明义务。

证券公司服务规范要求在投资者权益保护工作领域显现得更为明显,原中国证监会投资者权益保护局曾在2019年面向全市场公开发布一起证券交易服务纠纷案例,明确提出"为投资者提供准确及时的交易服务是证券公司的基本义务",并点出"本投诉中证券公司报单时间比交易所交易主机滞后近30秒钟,大大超出了一般从业机构、投资者对交易报单时间误差的认识,贻误交易时机,使投资者交易计划无法执行,可能会给投资者造成较大的损失"④。这起案例首先提出证券公司交易服务蕴含的准确及时义务,随后从"超出一般认识"等通行规范延伸至"交易计划无法执行"的机会利益损失,充分明确了证券公司对交易风险的预见要求以及责任

① 参见高岚:《证券错误交易机会损失的侵权赔偿研究》,《证券法律评论(2019年卷)》。
② 参见高岚:《证券错误交易机会损失的侵权赔偿研究》,《证券法律评论(2019年卷)》。
③ 详见《中华人民共和国证券法(2019修订)》第89条。
④ 参见原中国证监会投资者保护局:《闭市前委托未成交暴露服务器时间滞后》,《2019年投资者保护典型案例汇编》。

承担。

基于上述理念,中国证监会于 2021 年至 2023 年先后发布了《证券期货业网络安全事件报告与调查处理办法》《证券期货业网络和信息安全管理办法》等多项交易服务相关领域制度规范,强调保障证券期货业网络和信息安全、保护投资者合法权益、促进证券期货业稳定健康发展三者结合,并细化各层级安全事件报告处理要求,明确规定责任范围,即"核心机构和经营机构应当依法履行网络和信息安全保护义务,对本机构网络和信息安全负责,相关责任不因其他机构提供产品或者服务进行转移或者减轻"[①],进一步压实证券公司保障网络和信息安全的主体责任,对证券交易服务提出了更高的规范要求,并为证券交易纠纷双方过错认定提供了更为详实的基础。

三、证券公司责任承担实证分析

上文重点探讨证券交易纠纷中投资者与证券公司之间法律关系,并结合现行法律法规分析过错认定及举证责任分配,旨在为进一步厘清纠纷当中证券公司责任提供基础。现将结合司法判例,具体梳理纠纷中证券公司对投资者机会利益损失承担赔偿责任等情形。

(一)交易系统故障

投资者周某诉 GX 证券及相关营业部证券交易合同纠纷[②]中,周某于 2007 年 2 月 1 日凌晨 2 时,通过电话委托方式向 GX 证券预埋 21 笔卖出委托,涉及 7 只股票。证券公司于当日 9 时 15 分将上述委托向交易所进行申报,其中申报成功 19 笔、废单 2 笔,然而该证券公司相关报盘机出现通讯问题,造成包括周某在内的部分客户委托重复写入交易所接口库,导致柜台显示股份与交易所实际股份不一致,开盘后周某尝试委托买入相关股份,因股票数量不符遭到交易所拒绝,周某起诉要求证券公司赔偿。

庭审过程中,周某提出当日无法继续交易股票损失 1.7 万元。证券公司逐笔梳理周某此前预埋的 21 笔卖出委托(均未成交),结合市场行情判断仅 2 笔卖出委托可能成交,提出愿意赔偿这 2 笔委托损失并补偿交通费合计 1 216 元。至于其他损

---

① 详见《证券期货业网络和信息安全管理办法(中国证监会令第 218 号)》第四条。
② 参见上海市第二中级人民法院:周某与 GX 证券股份有限公司及证券营业部证券交易合同纠纷二审民事判决书,案号:(2010)沪二中民六(商)终字第 116 号。

失，证券公司表示周某账户当日交易时间仅操作 8 笔卖出委托，其余交易计划无法预见，拒绝赔偿。法院最终判决证券公司赔偿周某经济损失 2 000 元及交通费。

周某随后上诉，针对损失计算，二审法院结合证券账户交易记录，未认可周某基于"当日全部未成交的股票卖出委托"计算得出的求偿数额，认定"周某主张按照惯常操作方式，即撤单再卖出均可以成交，但其所述操作并非实际发生，更无法证实该方式系惯常操作且均能成功，无法据此计算损失数额。周某主张按照其惯常操作可能获得的利益，伴随着较大的操作风险，超过证券公司签订证券委托代理合同可以预见的范围"，驳回上诉维持一审判决。

本次案例中，法院认定证券公司系统故障导致客户交易失常，证券公司负有过错并承担赔偿责任，随后根据账户交易记录及市场行情数据，明确赔偿金额应根据投资者实际发生的、基于系统故障受影响的交易情况进行计算。关于损失赔偿酌情增加金额，审判法官通过《人民法院报》阐述了判决依据，重点提及"交易机会"：一是投资者与证券公司委托代理关系中，证券公司开展股票买卖中介服务并提供对应保障，"该保障并非保障客户获利，而是交易机会上的保障，交易机会是实现金融交易目的的基本媒介，对交易主体而言利益重大，具有独立价值，应当受法律保护"[1]；二是基于民商法机会丧失理论，由于证券公司系统故障致使投资者丧失股票投资机会，"如不让证券公司承担任何责任，客观上放纵了证券公司违约行为发生，同时公平、诚实信用和合法权益不受侵犯的原则就无从体现"[2]。

（二）风险揭示不到位

除了交易系统故障导致证券公司赔偿投资者机会损失外，风险揭示不到位也可能导致赔偿责任。投资者李某诉 FZ 证券及相关营业部股票交易纠纷[3]中，李某在 2019 年 2 月 21 日上午 9 时 26 分 6 秒向证券公司发送委托卖出 2.1 万股金信诺（股票代码：300252）指令，后于当日 9 时 26 分 44 秒发出撤销委托指令，证券公司未在内部系统撤销李某前期委托，而是开市后将指令相继发送至交易所，前一笔卖出委托瞬时成交，后一笔撤销委托随即废单。该股票当日上涨 6%，李某起诉要求

---

[1] 参见范黎红：《因证券公司系统故障导致的交易机会利益损失应酌赔》，《人民法院报》2011 年 3 月 17 日刊。

[2] 参见范黎红：《因证券公司系统故障导致的交易机会利益损失应酌赔》，《人民法院报》2011 年 3 月 17 日刊。

[3] 参见辽宁省鞍山市铁东区人民法院：李某与 FZ 证券股份有限公司及证券营业部股票交易纠纷一审民事判决书，案号：（2019）辽 0302 民初 673 号。

证券公司对股票错误成交导致未能以后续更高价格卖出予以赔偿。

FZ 证券回应称，根据证券交易委托代理协议，李某作为协议甲方，应当按照约定"对其委托的各项交易活动的结果承担全部责任"，协议已揭示撤销委托风险，即"甲方的撤销委托指令虽经乙方发出，但甲方委托可能已在市场成交，甲方必须无条件认可其成交事实，由此导致的后果由甲方承担"，并以卖出价格高于买入价格为由认为李某无损失，提出"李某赔偿数额实际是预期利益，不具有确定性，请法院驳回"。

审理过程中，法院认定双方证券交易委托代理协议合法有效，但针对上述两笔委托时间非交易所规定的股票交易申报时间，FZ 证券均进行系统登记且未揭示委托失败风险，认为"证券公司未履行股票交易合同中应具备的提示义务，该违约行为导致李某未悉知其在非申报期间卖出股票和撤销股票卖出有可能发生的结果，产生了与李某本意相违背的交易行为，客观上造成了投资损失"，酌定相关股票当日成交均价与李某卖出价格差值为投资损失，并以证券公司与李某双方均存在过错，判决证券公司承担 80% 投资损失，赔偿李某 10 080 元。

然而机会利益损失并非必然获得赔偿，以投资者周某 2 诉 CJ 证券及相关营业部股票交易纠纷①为例，周某 2 同样在非交易申报时间进行股票委托后撤销委托，2011 年 12 月 8 日中午 12 时 55 分 48 秒委托买入 60 万股 ＊ST 钛白（现名：中核钛白，股票代码：002145），当日 12 时 56 分 30 秒发出撤销委托指令，上述委托均发送至交易所，买入委托成交，撤销委托废单。周某 2 起诉 CJ 证券及相关营业部要求赔偿，证券公司结合账户交易记录辩称，周某 2 并非首次利用非交易时间进行先委托后撤销的操作，其曾于 2011 年 9 月进行类似操作，代表周某 2 已知悉风险；另据市场行情，该股票后续曾出现高于本次买入价格的成交价格，甚至涨停，周某 2 可以卖出股票避免损失。对此，法院认定"在该股票出现可以避免损失的行情时，周某 2 未及时卖出以避免损失产生，故周某 2 对该股票的买卖交易，均属自行交易行为，交易风险理应自行承担。投资者不能利用已知的证券服务系统缺陷，追求不正当的交易利益，这不符合诚信原则，也不利于在证券交易市场中维护诚信交易行为"，判

---

① 参见上海市长宁区人民法院：周某 2 与 CJ 证券股份有限公司及证券营业部股票交易纠纷一审民事判决书，案号：（2014）长民二（商）初字第 3283 号。

决驳回周某 2 诉请。此后周某 2 对本案提出上诉①，被驳回后又申请再审②，最终被裁定驳回再审申请。

综合上述多起案例可见，投资者能否获得交易机会损失赔偿的核心，在于"事件链"完整程度，一旦出现链条中断，则难以论证赔偿的合理性，即投资者是否预知交易风险、是否存在替代性交易方式、交易机会是否不可复现，其中任一环节被打断，证券公司对后续机会损失的赔偿责任随之消除。

四、防范机会利益损失纠纷的完善建议

中央金融工作会议强调"深刻把握金融工作的政治性、人民性"，"以客户为中心"始终是证券公司的服务宗旨。证券市场股票交易机会稍纵即逝，具有复杂多变、时效性强等特点。围绕保障投资者合法权益的担当使命，各证券公司既需要在技术层面深化网络和信息安全建设，增强系统保障及应急处理能力，源头防范纠纷风险，也应当从服务层面提升交易服务质量，全面解释交易风险保障投资知情权，关注老年特殊群体服务体验，致力打造有温度的金融服务。

（一）深化网络和信息安全建设

2023 年曾发生多起证券行业系统安全事件，如某证券公司交易系统容量不足导致报盘拥堵；某证券公司变更重要信息系统前未充分评估测试等造成系统宕机；某证券公司系统升级变更未充分论证测试导致系统登录异常③，上述系统事件均对投资者交易造成不同程度的影响，并引发了批量纠纷及网络负面舆情，相关证券公司网络和信息安全管理能力建设亟需进一步加强。

2023 年 6 月，中国证券业协会印发《证券公司网络和信息安全三年提升计划（2023—2025）》④，本次计划共设置六大类 31 项任务，其中"夯实系统运行保障能力""健全网络和信息安全防护体系"两大类合计 15 项任务，占任务总量接近一半，充分显示出系统保障防护建设的重要性。建议各证券公司结合自身特点，提升系

---

① 参见上海市第一中级人民法院：周某 2 与 CJ 证券股份有限公司及证券营业部股票交易纠纷二审民事判决书，案号：（2015）沪一中民六（商）终字第 197 号。

② 参见上海市高级人民法院：周某 2 与 CJ 证券股份有限公司及证券营业部股票交易纠纷再审申请民事裁定书，案号：（2016）沪民申 1631 号。

③ 参见新京报 2024 年 1 月 3 日报道：《2023 年券商"宕机"事件盘点：多地证监局点名，已有 4 家被罚》，网址：https://baijiahao.baidu.com/s? id=1787075007471085710&wfr=spider&for=pc。

④ 参见上海证券报 2023 年 6 月 9 日报道：《中国证券业协会印发〈证券公司网络和信息安全三年提升计划（2023—2025）〉》，网址：https://news.cnstock.com/news,bwkx-202306-5074003.htm。

统安全保障能力,强化重要信息系统开发、变更全流程环节规范要求,充分评估技术和业务风险,做好信息系统容量与性能管理,确保交易系统安全稳定运行。同时建立健全系统应急响应管理机制,完善应急报告与处置流程,防早防小,避免投资者损失因处置迟缓进一步扩大,从源头减少机会利益损失纠纷,保障投资者合法权益。

(二) 充分保障投资者信息知情权

股票交易是证券经纪业务的核心之一,《证券经纪业务管理办法》明确规定"证券公司从事证券经纪业务,应当诚实守信,切实维护投资者财产安全,保障投资者信息知情权、公平交易权等合法权益"①。结合司法判例,投资者对交易风险是否充分知悉并了解对证券公司赔偿责任有着直接影响。当前实践中,证券公司往往在与投资者签署的证券交易委托代理协议中设置风险揭示条款,对相关风险产生的责任进行界定与分担,并根据合同收益合理设置赔偿限额条款,保障合同各方履行合同的可预见性。

保障信息知情权除了通过书面协议条款约定,还应当包含必要的解释说明等服务过程,保障广大投资者能够知晓并理解交易风险的内涵。2023 年 12 月,最高人民法院发布了《关于适用〈中华人民共和国民法典〉合同编通则若干问题的解释》,进一步阐明格式条款的认定标准,并强化提示说明义务的履行要求,同时明确对于电子合同提供方仅以采取了设置勾选、弹窗等方式为由主张已经履行提示说明义务的,人民法院将不予支持②。证券交易委托代理协议作为典型的格式合同,并日益呈现为电子合同形式,格式条款提供方的解释说明责任尤为显著,这需要各证券公司在充分梳理协议条款内容、展现形式的同时,进一步做好协议相关风险等与投资者有重大利害关系条款的解释说明工作,提升服务规范,并增设必要的强化通知措施,多措并举保障投资者信息知情权。

(三) 关注老年特殊群体服务体验

随着互联网、大数据、人工智能等信息技术快速发展,智能化服务得到广泛应用,并改变着大众的生活方式,然而随之而来的老年人"数字鸿沟"问题日益凸显。2019 年,原中国证监会投资者保护局就曾发布案例呼吁"特殊人群需要特殊保护,

---

① 详见中国证监会:《证券经纪业务管理办法》第 4 条。
② 详见最高人民法院:《关于适用〈中华人民共和国民法典〉合同编通则若干问题的解释》第 10 条。

对老年人等群体服务中暴露的特殊问题,需要特别关注",并倡导证券公司提升股票交易纠纷处置效率,"将投资者损失及双方责权界定在一定范围内,避免因时间延迟、行情变化进一步扩大交易损失"①。

《证券公司投资者权益保护工作规范》也积极引导证券公司"改进老年人服务体验,推动网站、移动互联网应用适老化改造,方便老年人获取信息和服务,帮助老年投资者充分了解相关风险"②。为避免软件功能设置影响老龄投资者使用,防范股票交易纠纷,各证券公司可结合老年投资者使用特点,开发具备界面简单清爽、操作指引清晰等特点的软件版本,针对老年投资者关注点及常见使用问题进展系列投资者教育,提升老年投资者服务品质及体验。

---

① 参见原中国证监会投资者保护局:《投资者手机客户端交易软件无法使用》,《2019 年投资者保护典型案例汇编》。
② 详见中国证券业协会:《证券公司投资者权益保护工作规范》第 28 条。

调解前置争议解决条款在金融纠纷中的适用和展望

陈　蒙[*]

一、问题的提出

调解前置争议解决条款是指当事人将调解作为诉讼或仲裁前置程序的争议解决条款,也即当事人提起诉讼或仲裁之前需要履行调解程序。该类条款属于多层次争议解决条款[①],其目的在于采取经济高效的方式解决纠纷,维护当事人之间的良好合作关系,避免直接进入诉讼或者仲裁。

在我国的法律实践中,尽管此类条款并不少见,但却并未发挥实际作用;当事人往往不履行前置程序直接提起诉讼或者仲裁,对方当事人也直接就实体问题进行答辩,并不针对程序问题提出异议。此种情形下,双方丧失了更为简便高效解决纠纷的机会,也留下了程序瑕疵[②]。此外,直接提起诉讼或仲裁还会增加司法机关或仲裁机构的案件数量,这也与当前推行的"诉源治理""枫桥经验"精神相左。而即便当事人提出异议,司法机关在如何解释和规范此类条款方面也尚未形成共识[③]。

近年来,金融纠纷案件数量增长较快且愈发复杂,案件群体性态势突出[④],仅凭诉讼和仲裁已难以化解数量庞大的金融纠纷,亟须综合其他替代性纠纷解决方式协同参与。金融纠纷具有数量大、涉及面广、专业性强等特点,而多数法院和仲裁机构处理的金融纠纷多数集中在金融借款等传统领域[⑤],对新型复杂金融纠纷(如虚假陈述纠纷、私募基金纠纷、金融衍生品纠纷)的处理经验不足。发挥调解前置

[*]　广发证券股份有限公司业务审核与法律事务岗职员。

[①]　将友好协商、专家决定等替代性争议解决方式作为前置条件的争议解决条款亦属于多层次争议解决条款。

[②]　范铭超:《比较法视野下多层次争议解决条款的强制性》,载《学术探索》2013 年第 12 期。

[③]　费宁等:《中国商事调解年度观察》(2022)[EB/OL].2023[2024 年 2 月 24 日].https://www.bjac.org.cn/news/view? id=4414.

[④]　吕琦、宋少源:《中国金融争议解决年度观察》(2023)[EB/OL].[2024 年 2 月 24 日].https://www.bjac.org.cn/news/view? id=4680.

[⑤]　刘贵祥:《关于金融民商事审判工作中的理念、机制和法律适用问题》,载《法律适用》2023 年第 1 期。

争议解决条款的积极作用，引导当事人通过专业化、市场化、社会化金融纠纷调解机制化解纠纷将有助于深入推进金融纠纷诉源治理、坚持和发展新时代"枫桥经验"、促进金融行业的持续健康发展。

二、调解前置争议解决条款的理论基础

调解前置争议解决条款的效力基础是当事人的意思自治。争议解决条款是意思自治原则在当事人处分自身诉权问题上的具体表现[1]，也是仲裁庭获得仲裁管辖权的基础[2]，而调解前置争议解决条款则是在"或诉或裁"条款的基础上另行约定了调解作为前置条件。这种通过当事人合意将调解置于诉讼或仲裁程序之前的做法属于意定调解前置，体现了当事人作为民事程序的主体，有权根据自己的利益和判断来选择适用或拒绝适用一项或多项程序[3]。

调解前置争议解决条款的法理基础在于诉权契约理论。

根据诉权契约理论，当事人对因合同的履行可能发生的纠纷而预先通过合意方式处分诉权，包括放弃诉权、限定诉权的行使时间、限定诉权的行使条件等多种形式。目前我国民事司法已认同诉权的私法属性，允许当事人对自身诉权进行处分，但诉权处分需满足明示为之、遵循相对性、严格解释、不得违反公平原则、不得存在重大误解等条件。[4] 我国最高人民法院也持相同立场，认为诉权契约不违反法律规定。[5]

此外，调解前置争议解决条款的效力在我国之外的许多国家和地区都已经得到承认。在德国，当事人可以通过合意将调解设置为诉讼的必经程序，法院不会主动考虑当事人之间是否存在调解前置合意，而仅仅在当事人于本案言辞审理前提出抗辩时法院才会加以考虑。[6] 在美国，如当事人约定纠纷须经调解方可诉讼，则

---

① 刘晓红、周祺：《协议管辖制度中的实际联系原则与不方便法院原则——兼及我国协议管辖制度之检视》，载《法学》2014年第12期。

② 谷振龙：《关于仲裁法中当事人意思自治的几点思考》[EB/OL]. [2024年2月24日]. https://www.chinacourt.org/article/detail/2012/11/id/786840.shtml.

③ 李浩：《民事程序选择权：法理分析与制度完善》，载《中国法学》2007年第6期。

④ 巢志雄：《民事诉权合同研究——兼论我国司法裁判经验对法学理论发展的影响》，《法学家》2017年第1期。

⑤ "六盘水恒鼎实业有限公司、重庆千牛建设工程有限公司建设工程施工合同纠纷案"，参见(2016)最高法民终415号民事判决书。最高人民法院认为，"《付款协议》中约定在付款期限内不得提起诉讼的条款，并非排斥重庆千牛公司的基本诉讼权利，该条款仅是限制重庆千牛公司在一定期限内的起诉权，而不是否定和剥夺重庆千牛公司的诉讼权利，只是推迟了重庆千牛公司提起诉讼的时间，超过双方当事人约定的时间2015年8月25日后，重庆千牛公司可以随时行使自己的诉讼权利。"

⑥ [德]罗森贝克、施瓦布、戈特瓦尔德：《德国民事诉讼法》(下)，中国法制出版社2007年版，第652页。

当事人应遵循善意条款,坦诚调解,但是不要求必须达成调解协议。[①] 在法国,对于调解条款的效力,判例上长期存在争论,最高法院曾经在各自的判例中就调解条款的效力甚至作出过相反的认定,但最终确定调解条款具有约束当事人的强制约束力。[②] 联合国国际贸易法委员通过的《国际商业调解和调解所产生的国际和解协议示范法(2018 年修正)》的第 13 条[③]也明确承认了调解条款的效力。

三、调解前置争议解决条款在我国的司法实践

法律法规层面,尽管我国不否认调解前置争议解决条款的效力,但并未对违反该类条款的后果作出明确规定。《仲裁法》第 51 条[④]和《民事诉讼法》第 96 条[⑤]规定了裁判机关应当尊重当事人关于调解的合意并组织当事人进行调解,但此处的调解合意与当事人通过调解前置争议解决条款达成的合意仍有区别:前者通常发生在庭审前或庭审中,通过裁判者询问当事人的调解意愿启动程序,而后者则是当事人事前约定调解程序及细节(如期限、调解组织、地点等)的结果。

仲裁规则层面,我国主流仲裁机构的规则已经关注到了调解前置争议解决条款并为适用条款开辟了空间。根据《中国国际经济贸易仲裁委员会仲裁规则(2024版)》第 12 条[⑥],当事人约定调解前置但未经调解不影响申请人提起仲裁或仲裁委员会受理案件,除非所适用的法律或仲裁协议对此明确作出了相反规定。该条规则在鼓励当事人通过协商、调解等自治性方式化解纠纷的同时也尊重了当事人的意思自治;也即,如果当事人在争议解决条款中关于调解的明确约定明确具体、具有可操作性和可判断性,则仲裁机构在受理案件前将要求当事人履行调解程序。这种情况下,随意跳过调解而进入仲裁将使得调解这一有效的争议解决手段落空,留下程序瑕疵。

---

① 王学泽、赖咸森:《美国民事调解系统观感(下)——司法部赴美国民事调解培训团培训考察报告》,载《人民调解》2016 年第 3 期。

② 周建华:《司法调解:合同还是判决?》,中国法制出版社 2012 年版,第 196—197 页。

③ 该条规定:当事人同意调解并明确承诺在一段特定时期内或在某一特定事件发生以前,不就现有或未来的纠纷提起仲裁程序或司法程序的,仲裁庭或法院应当承认这种承诺的效力,直至所承诺的条件实现为止,但一方当事人认为是维护其权利而需要提起的除外。提起这种程序本身并不被视为对调解协议的放弃或调解程序的终止。

④ 第 51 条　仲裁庭在作出裁决前,可以先行调解。当事人自愿调解的,仲裁庭应当调解。调解不成的,应当及时作出裁决。

⑤ 第 96 条　人民法院审理民事案件,根据当事人自愿的原则,在事实清楚的基础上,分清是非,进行调解。

⑥ 第 12 条　(二)仲裁协议约定仲裁前应进行协商、调解程序的,可协商、调解后提交仲裁申请,但未协商、未调解,不影响申请人提起仲裁申请及仲裁委员会仲裁院受理仲裁案件,除非所适用的法律或仲裁协议对此明确作出了相反规定。

在实践案例层面，我国法院对待调解（协商）前置争议解决条款的态度发生了从严格审查到相对宽松的转变。2005 年的四川百事可乐饮料有限公司申请承认及执行外国仲裁裁决案中，当事双方的仲裁条款中约定了前置程序但未履行，成都中院认为程序存在瑕疵，因此不予执行仲裁裁决，最高院在复函①中确认了该观点。而在 2008 年的润和发展有限公司申请不予执行仲裁裁决一案中，最高法院在复函中②则认为"友好协商"和"协商不成"分别属于程序的形式和结果，当事人提起仲裁可以视为出现了"协商不成"的结果；在"友好协商"难以界定履行标准而"协商不成"已经满足的情况下，仲裁庭有权受理案件。这一观点在（2018）京 04 民特 225 号案③、（2021）新民申 3164 号案④、（2021）闽 0102 民初 8885 号案⑤中均得到体现。综合最高院的两份复函以及近年来法院的裁判观点，不难发现法院也同样关注调解前置争议解决条款是否明确具体以及条款的可操作性和可判断性，这与前述的仲裁规则的处理思路总体一致。

四、调解前置争议解决条款在金融纠纷中的适用

有别于传统民商事纠纷，金融纠纷具有数量大、涉及面广、专业性强等特点；此外，由于金融纠纷关乎当事人的切身财产利益，因此当事人之间的对立情绪较为严重，容易产生冲突。调解具有灵活高效、节约司法资源、减少当事人利益和心理的对抗性、促进社会和谐、保护当事人隐私等诸多优势，相比于裁判结果更容易使当事人接受和履行。此外，通过行业协会或金融纠纷调解组织进行调解达成的调解协议，当事人可以根据《民事诉讼法》第 205 条和第 206 条的规定，向人民法院申请确认调解协议有效，赋予调解协议强制执行的效力。⑥

---

① 参见：最高人民法院〔2007〕民四他字第 41 号、第 42 号。

② 参见：最高人民法院〔2008〕民四他字第 1 号。

③ 该案中，法院认为：申请人华夏基金公司提出仲裁协议中约定的"双方协商解决，协商不成应向北京仲裁委员会申请仲裁"内容，应解释为协商解决是提起仲裁的前置程序，是争议解决的必经程序，否则将导致仲裁协议无效。本院认为，从仲裁协议上述约定内容中，并不能得出双方将协商解决争议作为仲裁协议生效条件的结论，华夏基金公司的限缩解释缺乏事实依据。

④ 该案中，法院认为：九洲房产公司申请再审认为双方纠纷应当先向律师协会组织调解，原审法院在双方未经调解的情况下受理程序违法。法爱律师事务所与九洲房产公司虽约定发生争议后先向"当地律师协会执行纠纷调解委员会"申请调解，但首先，民事诉讼法并没有将调解作为起诉前置条件的法律强制性规定，故该约定不能限制法爱律师事务所行使诉讼权利。其次，民事纠纷的调解是建立在自愿的基础上，并不能强制调解，法爱律师事务所提起诉讼的行为亦表明其不愿意接受调解，并不能以调解限制其诉讼的权利的行使，原审法院依法审理本案并作出裁判并无不当。

⑤ 该案中，法院认为：合同虽然约定发生纠纷应协商解决，但调解需原、被告双方自愿为前提，现原告不愿调解而选择司法程序解决纠纷，是原告正常行使诉权的行为。

⑥ 丁宇翔：《证券司法中专业资源的运用逻辑及其规范进路》，载《中国法律评论》2023 年第 5 期。

我国立法者已逐渐注意到调解在化解金融纠纷中的独特优势,因此在 2019 年新修订的证券法①和《证券公司投资者权益保护工作规范》②中都明确规定了"普通投资者提出调解请求的,证券公司不得拒绝",建立了证券纠纷强制调解制度,赋予普通投资者在程序启动方面的单方强制权,体现出我国金融立法从维护整体金融大环境公平稳定的形式法治向保护中小投资者合法权益的实质法治的转变。③ 然而,大多数普通投资者对调解的认知相对有限,赋予普通投资者单方强制权并无法充分发挥调解制度在解决金融纠纷方面的优势;更何况,只有与证券公司存在业务关系的普通投资者才享有单方强制权,与基金公司、期货公司等金融机构存在业务关系的投资者并不享有此等权利。

在这种情况下,在金融业务合同中加入明确具体、具有可操作性的调解前置争议解决条款将有效发挥调解在化解金融纠纷方面的积极作用,显著提升金融纠纷调解组织的参与度,将更多投资者享受到更充分的保护。目前,各金融机构所对应的行业协会(如证券业协会、基金业协会)均可以作为第三方提供公正、中立、专业的调解服务;此外,相关监管部门设立的金融纠纷调解组织(如中证中小投资者服务中心)也具有调解的职能。金融纠纷调解组织的调解员多为行业资深人员,拥有多年的工作经验并具备丰富的业务知识,能更好地应对和处理金融业日益复杂的纠纷,从更贴近专业和业务的角度为当事人提供有别于诉讼和仲裁的争议解决服务。引导当事人寻求专业调解组织和人员解决纠纷是打好防范化解金融风险攻坚战、深入推进金融纠纷诉源治理的重要环节,也是保障各类投资者合法权益、维护我国金融市场繁荣稳定的应有之义。

五、完善调解前置争议解决条款适用的建议

为更好地保护各种类型的投资者、发挥调解的独特优势,金融机构、裁判机关、监管部门等有关方面应形成合力,引导客户选择调解作为化解金融纠纷的有效手段,突出并强化金融纠纷调解组织的作用,推动和规范金融纠纷调解组织社会化、市场化运作。

---

① 第 94 条　普通投资者与证券公司发生证券业务纠纷,普通投资者提出调解请求的,证券公司不得拒绝。

② 第 13 条　鼓励证券公司和投资者利用调解、仲裁等方式,遵循独立、自愿、公平、便捷、有效的原则解决业务纠纷。普通投资者与证券公司发生证券业务纠纷,普通投资者提出调解请求的,证券公司不得拒绝。鼓励证券公司基于自愿原则加入调解组织小额速调机制。协会可以对投资者与证券公司之间发生的证券业务纠纷进行调解。

③ 张艺、唐璐、冯辉:《证券投资纠纷强制调解制度的构建与完善》,载《投资者》2023 年第 2 期。

由于金融纠纷往往发生在金融机构和客户之间，因此金融机构应考虑修订优化业务合同中的争议解决条款，引导客户通过调解解决纠纷。目前常见的争议解决条款并未约定前置程序，而即便条款约定了调解作为前置程序，也往往缺乏清晰的履行标准、程序，法院或仲裁机构有可能因此认定关于调解的约定不具有强制性；而将调解作为诉讼或仲裁的前置程序并约定具体的金融纠纷调解组织、调解范围、调解时限、与诉讼或仲裁如何衔接等事项将增强条款的履行标准以及可执行性，为当事人提供清晰明确的解决纠纷的程序指引，也为司法机关和仲裁机构判断前置程序是否已经履行完毕提供判断标准。优化后的条款示例如下：

凡因本合同引起的或与本合同有关的任何争议，各方均同意提交至中证中小投资者服务中心根据届时有效的调解规则进行调解，调解时限不超过60天。唯有调解时限届满或未达成调解协议时，各方可向有管辖权的人民法院提起诉讼。

需要注意的是，由于金融业务合同通常是金融机构提供的格式合同，因此有观点认为金融机构应特别提示调解前置争议解决条款，或进一步认为将调解作为前置程序是对当事人诉权的限制[1]，属于民法典第496条规定的"有重大利害关系的条款"。这种观点不无道理，但结合前文的法理基础分析不难发现，调解前置并未限制当事人行使诉权，当事人起诉或申请仲裁的权利仍然完整，只是推迟了行使诉权的时间节点；更何况，诉权具有私法属性，当事人通过诉权契约处分自身的私法权利并无不当。调解前置也不属于与当事人重大利害关系有关的事项。尽管调解是必经的前置程序，但这不意味着当事人之间必须达成调解协议；当事人如果认为调解过程和调解方案有损其利益，则完全不必接受调解方案。因此，调解前置不属于民法典规定的格式条款中必须提示或者说明的事项。

除了金融机构推动引导外，裁判机关也应充分考虑金融纠纷的特点，对当事人之间将调解前置的约定采取更加支持的立场。如前所言，裁判机关通常会承认明确具体、具有可操作性的调解前置争议解决条款，在启动庭审前会引导当事人履行约定的调解程序；但对于约定不明确具体、操作性不强的条款，裁判机关过往都认定调解不具有强制性。然而，金融纠纷与传统民商事纠纷有所不同，裁判机关应适

---

① 黄福玲：《论民事纠纷调解前置程序的客观基础及制度构建》[EB/OL].［2024年2月24日］. http:// www.sdlawyer.org.cn/012/001/2022418967176.htm.

度转变审查思路,注重发挥调解的作用。《关于全面推进金融纠纷多元化解机制建设的意见》提出"各级人民法院、金融管理部门、金融纠纷调解组织要通过示范案例引导、加大宣传力度、加强金融消费者教育等多种方式,共同提升金融纠纷当事人及社会公众对金融纠纷多元化解机制的知晓度和信任度,积极引导当事人通过调解方式解决金融纠纷,依法理性维权";"人民法院在受理和审理金融纠纷案件过程中,应当落实'调解优先、调判结合'方针,对于具备调解基础的案件,按照自愿、合法原则,采取立案前委派、立案后委托、诉中邀请等方式,引导当事人通过金融纠纷调解组织解决纠纷"。根据上述指导意见,针对约定不够具体清晰的条款,裁判机关在尊重当事人意愿的前提下,应主动释明当事人之间存在调解前置的约定并提供金融纠纷调解组织的名单供当事人参考选择;在取得当事人同意的情况下,裁判机关也可以根据《最高人民法院关于进一步完善委派调解机制的指导意见》第4条的规定①委派金融纠纷调解组织或者特邀调解员进行调解。

监管部门和行业协会等有关方面亦可加大力度宣传调解制度优势,扩大当事人对调解制度的知晓度和首选率,鼓励和支持当事人在业务合同中加入调解前置争议解决条款。此外,《最高人民法院关于深化人民法院一站式多元解纷机制建设推动矛盾纠纷源头化解的实施意见》提出"加大对行业主管部门、行业协会商会等开展金融纠纷集中调解、先行调解的司法保障力度,促进纠纷在诉前批量化解";因此,建议监管部门和行业协会与裁判机关不断完善诉调对接工作机制,在收案量较大的裁判机关增设金融纠纷调解宣传点,促进纠纷有效分流;同时加强实务交流,结合司法审查经验不断完善示范性调解前置争议解决条款供当事人起草使用。

六、结语

调解前置争议解决条款是各方当事人意定调解前置的结果,是意思自治原则在诉权处分和程序选择方面的体现,应当得到裁判机关的尊重和承认,略过前置程序直接提起诉讼或仲裁有造成程序瑕疵的风险。调解前置争议解决条款应做到明确具体、具有可操作性,这样将在更大程度上得到裁判机关的认可,保障前置调解

---

① 引导告知。对于当事人起诉到人民法院的纠纷,经当事人申请或者人民法院引导后当事人同意调解的,人民法院可以在登记立案前,委派特邀调解组织或者特邀调解员进行调解,并由当事人签署《委派调解告知书》。当事人不同意调解的,应在收到《委派调解告知书》时签署明确意见。人民法院收到当事人不同意委派调解的书面材料后,应当及时将案件转入诉讼程序。

程序得到履行。调解制度对解决金融纠纷有着独特的优势，金融机构、裁判机关、监管部门、行业协会等各方主体在尊重当事人意思自治的前提下，应协力引导金融纠纷当事人将调解作为化解纠纷的首选途径，为调解在更大范围内的适用创造有利条件。

金融资管纠纷存在的问题及对策

——基于 S 市 P 区法院近五年涉金融资产管理纠纷实证研究

孔燕萍[*]　王朝辉[**]

一、研究的背景

近年来,我国金融机构资产管理业务快速发展,形成了商业银行、证券公司、保险公司、信托公司、基金管理公司、私募基金管理人等共同参与的"大资管"市场格局。资产管理业务在满足居民财富管理需求、增强金融机构盈利能力、优化社会融资结构、支持实体经济等方面发挥了积极作用。[①] 但是由于市场、监管、立法等各方面原因,资产管理市场在快速发展的同时亦引发了较多的纠纷。为更好地规范金融资管行业的发展,本文以中国人民银行等四部委《关于规范金融机构资产管理业务的指导意见》(以下简称《资管新规》)发布后,S 市 P 区人民法院(以下简称 P 区法院)2018 年 5 月至 2023 年 4 月审理的金融资管案件为研究样本,剖析金融资管产品在募集、投资、管理、退出各个阶段反映的主要法律问题,以期为金融市场培育合格尽职的投资管理人、为投资者依法主张权利进行司法指引。

二、金融资管案件存在的主要问题

(一)适当性义务视角下卖方机构的责任审查

1. 适当性义务的法律性质

适当性义务是针对资管产品发行人、销售者及金融服务提供者的义务规则,要求金融机构将适当的金融产品或服务销售给适当的投资者,这对于实现金融市场中"卖者尽责,买者自负"、打破"刚性兑付"具有重要意义。在金融资产管理行业,卖方机构的适当性义务逐渐完成了法定化转化,适当性义务的内容逐渐在法律、行

---

　* 上海市浦东新区人民法院金融审判庭团队负责人、审判员。

　** 上海市浦东新区人民法院金融审判庭法官助理。

　① 参见《中国人民银行有关负责人就〈关于规范金融机构资产管理业务的指导意见〉答记者问》,载中国人民银行官网,http://www.pbc.gov.cn/goutongjiaoliu/113456/113469/3529603/index.html,2024 年 2 月 22 日。

政法规的层面上得到了体现。[1] 2015年修正的《中华人民共和国证券投资基金法》第98条、2019年修订的《中华人民共和国证券法》第88条第一款、第三款、2023年颁布的《私募投资基金监督管理条例》第19条均有关于适当性义务的规定。法律、行政法规规定的适当性义务构成卖方机构的法定义务。在渐趋完善的适当性义务成文法规则下，监管部门规章、规范性文件层面对适当性义务有更严格标准的，亦可以成为先合同义务的内容。先合同义务主要指合同订立过程中涉及的诚信缔约、如实告知、妥善保密等相关义务。金融机构在资管产品募集、销售过程中违反法律、行政法规未规定的适当性义务的，即构成缔约阶段诚信义务的违反，属于先合同义务的规范范畴。

2. 卖方机构违反适当性义务的具体审查标准

适当性义务源于缔约阶段的禁止欺诈理论，即管理人不得虚构事实进行欺诈，并承担"最大限度的善意，完整和公平地披露所有关键事实"以及"采取合理的注意来避免误导"潜在投资人。[2] 适当义务的具体内容包括了解投资者并对其进行分类、了解产品或服务及其分级、投资者与产品或服务的匹配、充分说明与产品有关的风险及合同主要内容四个方面。由于我国法律、行政法规对适当性义务的规范是一个渐趋完善的过程，《资管新规》对资管产品采取了"新老划断"的监管原则。因此，在适当性义务的审查上，应当结合产品销售时的监管规则进行个案判断，而非一律以最新的监管规则衡量彼时的业务流程。

（1）了解客户义务。了解客户主要指金融机构应对客户进行风险测评，通过了解其个人信息、投资经历、财产状况、风险承受能力等情况，将其识别为普通投资者或者合格投资者。实践中存在的问题主要包括：风险测评表设计不合理，未对投资者流动性状况、信用状况、投资状况、风险承受能力进行全面测评，不能真实反映投资者风险承受能力；风险测评流于形式，甚至未实际进行测评，由投资者在空白

---

[1] 2015年修正的《中华人民共和国证券投资基金法》第98条规定，基金销售机构应当向投资人充分揭示投资风险，并根据投资人的风险承担能力销售不同风险等级的基金产品。2019年修订的《中华人民共和国证券法》第88条第1款规定，证券公司向投资者销售证券、提供服务时，应当按照规定充分了解投资者的基本情况、财产状况、金融资产状况、投资知识和经验、专业能力等相关信息；如实说明证券、服务的重要内容，充分揭示投资风险；销售、提供与投资者上述状况相匹配的证券、服务。2019年修订的《中华人民共和国证券法》第88条第3款规定，证券公司违反第一款规定导致投资者损失的，应当承担相应的赔偿责任。2023年颁布的《私募投资基金监督管理条例》第19条规定，私募基金管理人应当向投资者充分揭示投资风险，根据投资者的风险识别能力和风险承担能力匹配不同风险等级的私募基金产品。

[2] 参见肖宇、许可：《私募股权基金管理人信义义务研究》，载《现代法学》2015年11月第91页。

的风险测评表上签字,其他内容由业务人员自行代为填写;在委托合作机构销售时,对合作机构是否进行转委托销售审核不严,对合作机构如何进行风险测评、风险提示监管不到位,甚至在诉讼过程中无法举证证明进行过风险测评与提示。如在金某与甲银行财产损害赔偿纠纷案[1]中,甲银行在向其私人银行客户金某推销某款定增资管产品过程中,未审慎关注金某在同时期风险测评存在明显前后矛盾的回答,仍向其推介高风险金融产品,法院经审理后认定,甲银行既未能充分了解客户,也未能充分披露资管产品的风险,应承担相应的赔偿责任。

(2) 了解产品义务。了解产品义务要求金融机构应当充分了解其所推荐的金融产品或服务的特性、交易结构和风险等,不能推荐自己不了解、不熟悉的产品。有的金融机构在推介材料中介绍资管产品投资结构时,机械引用第三方机构对被投企业的预测分析,并声明对相关数据的真实性、准确性、完整性不作保证,由此引发投资者认为销售机构不了解产品甚至存在销售误导的纠纷。如在满某与乙证券公司等财产损害赔偿纠纷案[2]中,乙证券公司为发起设立涉案资管计划出具了《尽职调查报告》,载明报告期内资管计划下的信托贷款的保证人开某无对外担保情况,但实际上开某存在多笔未履行完毕的担保债务,法院经审理后认定,乙证券公司的尽职调查不够审慎,未尽充分了解产品义务,应承担相应赔偿责任。

(3) 风险匹配义务。风险匹配义务要求金融机构根据客户的风险承受能力向其推荐相应风险等级的产品或服务。有的金融机构在投资者与其投资产品风险等级不匹配甚至未进行风险测评的情况下,仅凭投资者签署的自担风险的承诺,即将高风险资管产品销售给投资者;或者向投资者提供有关风险测评问题的答案,引导投资者作出高风险承受能力的回答,甚至在投资者风险测评不合格时,私自涂改投资者风险测评问卷答案。投资者提出金融机构违反适当性义务的,应由金融机构承担相应的举证责任。如在卢某与丙财富管理公司委托理财合同纠纷案[3]中,卢某主张丙财富管理公司向其销售私募基金时违反了适当性义务。经查,丙财富管理公司将涉案私募基金评定为中风险,销售过程中对卢某进行了风险测评(结果为平衡型投资者),并将产品风险告知了卢某,卢某在回访中再次明确知晓产品的风险

① 参见上海市浦东新区人民法院(2020)沪0115民初39417号、上海金融法院(2021)沪74民终1322号。
② 参见上海市浦东新区人民法院(2021)沪0115民初76585号、上海金融法院(2022)沪74民终886号。
③ 参见上海市浦东新区人民法院(2020)沪0115民初4150号、上海金融法院(2021)沪74民终148号。

等级以及与自身风险承受能力的匹配性，法院经审理后认定，丙财富管理公司已履行适当性义务，遂驳回了卢某的诉讼请求。

（4）告知说明义务。告知说明义务指金融机构在推销资管产品时，应该充分说明与产品有关的风险及合同主要内容，以便投资者对产品有足够的认识从而作出投资决定，属于金融机构在销售阶段的信息披露义务。金融机构应当在销售过程中完整披露资管产品投资对象的财务状况，避免在推介材料中选择性披露被投企业财务数据，隐瞒被投企业经营状况、对外负债以及担保等重要情况，夸大盈利数据，美化收益预测。如在潘某与丁资管公司等私募基金合同纠纷案①中，涉及的资管产品系采用摊余成本法作为估值方法的定期开放私募资管产品，法院经审理后认定，在开放申赎期时，资管产品持仓的部分债券已发生对产品风险有重大影响的变化情况，在估值无法反映资管产品价值波动风险，且投资者不能随时退出涉案资管产品的情况下，管理人未将资管产品所持部分债券不符合资管合同约定信用评级的信息告知潘某等开放期内新进入的投资者，故应对投资者的相应损失承担赔偿责任。

（二）信义义务视角下管理人的责任审查

1. 资管业务当事人之间构成信义关系

信义义务是一个舶来概念，其源于英美法系的信托义务与大陆法系的善良管理人义务。信义义务在国外通过一系列案例得以确立，但却没有概括性的定义，信义关系甚至被称为英美法中最难以捉摸的概念之一。我国为成文法国家，《中华人民共和国信托法》第 25 条规定的忠实义务和勤勉义务②可以视为信义义务的法律依据。信义义务建立在当事人间有信义关系的基础上，受托人为了受益人的利益行事，具有利他性。③ 资管业务中投资者将财产委托给管理人通过专业管理获取投资收益，资管业务"受人之托，代人理财"的本质符合信托法律关系的特征，而其中的法理基础在于管理人作为受托人对作为投资者的委托人承担信义义务。信义规范具有概括性和灵活性，须于个案中依价值判断予以具体化，这也是司法实践中判

---

① 参见上海市浦东新区人民法院(2020)沪 0115 民初 4471 号、上海金融法院(2021)沪 74 民终 1062 号。

② 《中华人民共和国信托法》第 25 条规定，受托人应当遵守信托文件的规定，为受益人的最大利益处理信托事务。受托人管理信托财产，必须恪尽职守，履行诚实、信用、谨慎、有效管理的义务。该规定可以视为法律对信义义务的直接规定。

③ 参见赵廉慧：《论信义义务的法律性质》，载《北大法律评论》，2020 年第 21 卷第 1 辑。

是否违反信义义务的难点所在。

2. 管理人违反信义义务的审查标准

信义义务可以分为忠实义务和勤勉义务两方面。忠实义务是针对管理人的"道德"要求,即管理人不得从事不当关联交易、利益输送等行为;勤勉义务是针对管理人的"能力"要求,即管理人要为投资者的最大利益处理受托事务,履行谨慎有效管理的义务。本文样本范围内所涉信义义务的争议均集中在勤勉义务是否妥善履行方面,尚无有关管理人违背忠实义务的案例。勤勉义务可以从投资、管理、退出阶段分别予以考察。

(1)投资阶段未尽审慎投资义务。投资阶段是资管业务的核心,资管合同应当对投资目标、投资范围、投资限制等进行明确约定,该阶段主要争议在于管理人是否依据合同约定全面审慎完成投资义务,以及托管人是否对管理人的投资尽到审慎监督义务。若管理人未审慎完成投资义务,将会导致投资目的不能实现,因而承担赔偿责任。如在周某与戊资管公司等私募基金纠纷案①中,私募股权投资基金合同约定募集资金投资于 A 合伙企业,由 A 合伙企业对 B 上市公司进行股权投资。甲资管公司作为基金管理人未审慎调查 A 合伙企业普通合伙人变更原因,贸然将基金募集款划付至 A 合伙企业,导致基金募集款被 A 合伙企业执行事务合伙人挪用,未实际投向 B 上市公司股权,法院经审理后认定,戊资管公司在投资阶段严重违反信义义务,结合其他销售、管理阶段的相应过错,综合认定由其对投资者的全部损失承担赔偿责任。

(2)投资阶段投资方式约定不明。私募股权投资基金中,投资方式约定不明或者约定模糊,将会导致投资者对管理人是否妥善履行投资阶段的信义义务产生纠纷,例如私募基金合同对基金财产的投资范围是合伙企业的合伙份额还是份额收益权约定不明,引发投资者对管理人投资是否符合资管合同所约定投资方式的纠纷。有的私募股权投资基金合同中仅简单约定了投资上市或者未上市公司股权,并未明确约定具体投资标的,该种情况下管理人需妥善保留其实际进行投资的相关材料,避免因是否善尽投资职责引发纠纷。如在谢某与己有限合伙企业私募基金合同纠纷案②中,谢某通过签订有限合伙协议进行私募股权基金投资,但并未

---

① 参见上海市浦东新区人民法院(2020)沪 0115 民初 2780 号、上海金融法院(2021)沪 74 民终 375 号。
② 参见上海市浦东新区人民法院(2020)沪 0115 民初 54876 号、上海金融法院(2022)沪 74 民终 174 号。

在有限合伙协议中约定具体投资标的,已有限合伙企业作为管理人并未向谢某披露后续投资情况、合伙企业经营和财务状况,也未能证明投资亏损是否实际产生以及是否为依约投资经营所产生的风险与亏损,法院经审理后认定,已有限合伙企业未按约完成投资义务,应承担相应的赔偿责任。

（3）管理阶段管理人未尽管理职责。资管机构在管理阶段应当切实履行包括忠实义务和勤勉义务在内的受托管理职责,即通常所述的信义义务。资管机构未尽信义义务,将会导致投资者提起赔偿之诉,这也是目前投资者要求管理人承担赔偿责任的主要理由。由于对管理人如何履行管理职责的法律规范较为笼统,资管合同中多为"按照诚实信用、勤勉尽责的原则履行管理人义务"的原则性约定。如何在交易结构各异的资管产品中妥善认定管理人是否善尽信义义务是司法实践中的审理难点,尤其是投资亏损究竟是管理人违反信义义务所致亦或是正常市场风险所致争议较大。此外,《资管新规》发布之前信托公司的通道业务并不违反监管规定,实践中,对于该类通道业务中委托人和受托人之间的权利义务关系,应依据信托文件的约定加以确定,受托人在通道业务中如违反审慎经营原则,仍应承担相应的赔偿责任。对于管理人是否违反信义义务项下的审慎管理职责,应结合法律法规、监管规定及资管合同约定,审慎审查管理人是否采取了具体有效的投后管理措施,从投资项目运作的持续性跟进、风险防范措施的有效落实以及风险控制措施的及时采取等方面进行综合判断。如在邓某与庚证券公司等财产损害赔偿纠纷案[1]中,庚证券公司明知资管计划投资标的的融资人 C 股份公司及其保证人多次违约,而庚证券公司未及时披露并控制相关风险,亦未采取积极有效的应对措施,其在维护资管合同项下投资者的合法利益方面存在过错,虽然邓某损失的直接原因系 C 股份公司的违约行为,但甲证券公司的违规违约行为对邓某的损失亦存在因果关系,应根据其过错承担相应的赔偿责任。法院经审理后结合庚证券公司的过错程度,酌定庚证券公司赔偿邓某投资本金损失的 30%。

（4）私募资管产品的信息披露的范围。金融机构应当向投资者及时、准确、完整披露资管产品的相关重要信息,比如募集信息、资金投向、杠杆水平、收益分配、

---

[1]　参见上海市浦东新区人民法院(2019)沪 0115 民初 13879 号、上海金融法院(2021)沪 74 民终 422 号。

托管安排、投资账户信息和主要投资风险等。[①] 公募资管产品由于具有严格信息披露管理制度,实践中鲜少有争议。但私募产品发生亏损后,投资者与管理人往往就信息披露的范围和程度产生争议。私募资管产品的信息披露内容更有赖于双方合同的约定,监管部门亦认为私募资管产品的信息披露应尊重双方当事人的意思自治[②]。管理人并非任何信息均应向投资者披露,而应根据合同约定及时披露,既避免委托人被大量不重要的信息淹没,又避免不涉及委托人利益的私募管理人商业秘密的泄露。在私募资管产品管理人就未披露信息进行解释说明后,应由委托人举证证明相关信息属于影响投资者合法权益的重大信息。如在张某与辛资管公司金融委托理财合同纠纷[③]中,法院审理后认定,资管合同并未要求辛资管公司披露其所应当采取风控措施的具体内容,辛资管公司应当采取的风控措施所涉文件的具体内容不应属于"可能影响资产委托人利益的重大事项",目前尚无法律法规存在明确要求资产管理产品管理人披露原告主张内容的相关规定,故驳回张某要求辛资管公司披露其所采取风控措施具体文件的诉讼请求。

（5）实际管理人的责任认定。实际管理人相对于合同中列明的管理人而言,是指实际参与资管产品募集、投资、管理、退出的主体,通常表现为资管产品中管理人的出资人、实际控制人或关联方。实际管理人往往以自己名义参与销售推介,利用其品牌优势对产品进行增信,误导投资者理性决策,但在基金发生亏损时,则以其与管理人及资管产品无法律上的关系为由拒绝赔偿。[④] 实际管理人具体参与资管产品募集、投资、管理的,应认定二者构成代理关系。代理行为应当合法,实际管理人应对其实施的违法代理行为承担相应的法律责任。如在周某与戊资管公司、壬集团公司私募基金纠纷案[⑤]中,法院经审理后认定,虽然周某和戊资管公司签订

---

① 参见《中国人民银行、中国银行保险监督管理委员会、中国证券监督管理委员会、国家外汇管理局关于规范金融机构资产管理业务的指导意见》(银发〔2018〕106 号)第 12 条第 1 款。

② 《私募投资基金监督管理条例》第 11 条规定,私募基金管理人应当履行下列职责:（五）按照基金合同约定向投资者提供与私募基金管理业务活动相关的信息。第 31 条规定,私募基金管理人在资金募集、投资运作过程中,应当按照国务院证券监督管理机构的规定和基金合同约定,向投资者提供信息。《中国人民银行、中国银行保险监督管理委员会、中国证券监督管理委员会、国家外汇管理局关于规范金融机构资产管理业务的指导意见》(银发〔2018〕106 号)第 12 条第 3 款规定,对于私募产品,其信息披露方式、内容、频率由产品合同约定,但金融机构应当至少每季度向投资者披露产品净值和其他重要信息。上述行政法规及监管意见对于私募资管产品的信息披露内容,均要求按照合同约定进行披露,充分体现了对双方当事人意思自治的尊重。

③ 上海市浦东新区人民法院（2019）沪 0115 民初第 68308 号。

④ 孔燕萍:《私募基金管理人及控股股东违反信义义务之赔偿责任》,载《人民司法》2023 年第 2 期。

⑤ 参见上海市浦东新区人民法院（2020）沪 0115 民初 2780 号、上海金融法院（2021）沪 74 民终 375 号。

的私募基金合同约定销售方式为"直销"，但结合涉案私募基金销售服务费支付至壬集团公司的全资子公司、壬集团公司出具的《资金到账确认函》等相关事实，认定壬集团公司系实际销售机构，故负有告知说明义务和适当性义务。此外，壬集团公司实际控制戊资管公司，涉案基金由其实际管理运作基金，应当与名义管理人戊资管公司就因未尽忠诚勤勉义务造成投资者的损失承担连带赔偿责任。

（6）清算阶段启动清算程序后的投资者损失认定。资管产品到期后，如管理人已经启动清算程序，则应根据清算的具体情况来判断投资者的损失。管理人虽然启动清算程序，但若无具体清算措施或清算措施不合理，则应认定管理人未妥善尽到清算义务。若管理人已启动清算程序，有明确合理的清算安排，且对底层资产采取了合理可预见的处置计划，则投资者的具体损失情况应在管理人清算结束后才能确定。如在王某与癸资管公司委托理财合同纠纷案①中，法院经审理后认定，资管计划项下投资者的损失确定原则上应以资管产品清算为前提，在投资者明知资管计划存在延期风险的情况下，资管计划延期导致清算结果尚未完成，但癸资管公司作为管理人已启动清算程序，对受托财产正在进行积极追偿且财产变现具有一定可预见性，不能直接认定投资者的损失已经确定，遂驳回了原告要求赔偿的诉讼请求。

（7）清算阶段未启动清算程序的投资者损失认定。资管产品未经清算情形下投资者的损失能否认定是目前金融资管案件中常见的争议问题。资管产品到期后，管理人应当按约进行清算，产品到期后如已清算的，则投资者的损失已然明确。但实践中，受投资项目退出、非现金资产变现、底层资产诉讼程序等各种因素影响，造成资管产品的退出和清算耗时较长，管理人未能及时清算，投资者认为管理人未尽清算义务，应当推定投资损失已经发生，径行要求管理人承担赔偿责任，而管理人则抗辩，未经清算不能认定投资者的具体损失，由此导致损失产生是否以清算为前提的争议。资管计划项下投资者的损失能否确定原则上应以涉案资管产品清算为前提，但对于诉讼中未经清算的资管产品，若一概以未经清算为由认定损失无法确定，一方面会助长管理人怠于清算的不当行为，另一方面也不利于投资者合法权益保护。因此，资管产品未经清算的，应当结合涉案资管产品的具体情况、管理人

①　参见上海市浦东新区人民法院(2020)沪 0115 民初 53483 号、上海金融法院(2021)沪 74 民终 2042 号。

的过错程度等因素综合认定投资者损失是否客观发生。同时为避免投资者获得双重清偿的可能,应明确资管计划清算完成后仍有可分配资金的,管理人可按赔付比例扣除相应款项后再将剩余资金依约向投资者进行分配,即采用管理人"先赔付后清算再结算"的方式处理,以合理衡平各方当事人的利益。如在邓某与庚证券公司等委托理财合同纠纷案[1]中,法院认定甲证券公司作为管理人长期未履行清算义务且无证据证明尚存在可清算资产,可合理认定投资者损失已客观产生。另,在周某与戊资管公司等私募基金纠纷案[2]中,法院经审理后认定,戊资管公司作为管理人未控制任何基金资产且资产追回期限不可预见,造成清算无法进行,应认定投资者损失已经产生。

三、完善发展金融资产管理市场的相关建议

(一) 司法机关与监管部门的协同共治

金融司法应与金融尽管部门构建金融风险协同共治体系,服务资管市场发展。金融司法无法单独基于意思自治控制金融风险,在现代金融监管具有独特的功能优势下,应构建金融司法和金融监管治理金融风险的协同机制。[3] 法院基于金融协同治理的理念,使金融审判的裁判规范与金融监管规范最大化保持协调一致。[4] 法院在判断资管产品管理人责任时,应充分参考金融监管部门制定的金融监管文件、对于资管产品管理人的处罚情况等,坚持将纠纷妥善化解与行业规则引导相结合,通过审理对投资者和资管机构具有示范性意义的案件,努力形成完善的裁判规则,统一资管产品募集、投资、管理、退出各阶段主要争议问题的裁判思路,规范、引导金融资管市场健康发展。不断优化完善金融司法与金融监管部门、行业协会的日常联动合作机制,实现金融资管行业发展情况、金融监管及执法情况、金融资管案件审执情况及动态趋势等信息共享,形成金融资管领域防范风险的合力。

(二) 积极培育成熟理性的市场参与主体

积极培育成熟理性的市场参与主体是资管市场良性可持续发展的重要基础。金融机构在提供资管服务时,应当主动进行合理引导,打破投资者在银行理财、信托领域长期形成的"固定收益""隐性刚兑"惯性预期,将风险理念正确专递给投资

---

① 参见上海市浦东新区人民法院(2019)沪 0115 民初 13879 号、上海金融法院(2021)沪 74 民终 422 号。
② 参见上海市浦东新区人民法院(2020)沪 0115 民初 2780 号、上海金融法院(2021)沪 74 民终 375 号。
③ 鲁篱:《论金融司法与金融监管协同治理机制》,载《中国法学》2021 年第 2 期。
④ 刘贵祥:《关于金融民商事审判工作中的理念、机制和法律适用问题》,载《法律适用》2023 年第 1 期。

者,帮助投资者树立科学的风险观和理性的收益观。金融监管机构、行业自律组织、各类市场主体应共同加强投资者教育宣传,拓展宣传途径、创新宣传方式,帮助投资者树立风险自担的投资理念,增强投资风险意识,为资管市场培育成熟理性的投资主体。投资者自身应具有合理谨慎的注意义务,充分理解自愿签约的法律后果,全面了解资管合同权利义务,合理预见产品风险收益。投资者应树立正确的风险收益观,在关注资管产品收益时,更要关注相关的风险,根据自身实际情况审慎决策,理性认识市场风险的客观性;仔细阅读资管合同和推介材料,对不清楚的条款应及时要求销售人员进行解释、说明,切勿轻信任何保本保收益的兑付承诺,警惕为了获得收益作出与自身风险状况不一致的回答、与自身风险承受能力相悖的投资承诺。

（三）善尽职责不断提高管理水平

强化卖者尽责理念,加强投资者适当性管理,切实维护投资者合法权益。金融机构在开展资管业务时,应加强合规经营理念,合理设置合同条款,避免因缔约地位不平等导致合同权利义务失衡。金融机构在销售资管产品时,须尽到全面风险提示义务,健全产品风险评估机制,区分普通投资者和合格投资者两类不同的投资主体,遵守投资者适当性管理要求,真正实现"将适当的产品销售给适当的投资者"。加强对销售机构及中介机构从业人员的培训教育,坚决避免为促成产品销售而实施销售误导、夸大收益、回避风险等违规销售行为。资管机构应当强化以投资者为中心的服务宗旨,提高对资管产品的主动管理能力,积极履行包括忠实义务和勤勉义务在内的信义义务,在募集、投资、管理、退出各个阶段切实履行受托管理职责。托管机构应树立专业托管理念,认真履行托管职责,避免因"仅托不管"或对受托资金疏于监管而承担相应的赔偿责任。

浅论进一步发挥证券投资民事纠纷调解机制功能的建议

王贤安[*]　王浚哲[**]　胡昊天[***]　俞紫伊[****]

一、背景

近年来,证券投资纠纷案件数量居高不下,叠加经济下行周期,预计该类纠纷案件将持续增多。根据笔者公开检索,过去三年中人民法院就证券投资纠纷案件出具的裁判文书合计约 25 261 份,其中涉及诸多上市公司、证券公司和基金公司等金融机构。数量巨大的证券投资纠纷案件给通过诉讼方式化解社会矛盾的传统纠纷解决机制带来了较大压力和挑战,有限的司法资源供给远远无法满足市场实际需求,实施多元化的证券投资纠纷解决机制势在必行。调解作为一种非诉纠纷解决机制(Alternative Dispute Resolution,或称"替代性纠纷解决机制")的重要方式,在资本市场发达的国家普遍适用,与诉讼相比,调解机制具有尊重当事人意愿、简便高效、成本低廉、相对保密等诸多优势。

二、思考与建议

中证中小投资者服务中心有限责任公司(以下简称"投资者服务中心")作为证监会直接管理的证券金融类公益机构,其下属的中证资本市场法律服务中心有限公司(以下简称"中证法律服务中心")承担着接受投资者委托,提供纠纷调解等服务。中证法律服务中心至今已调解了很多证券投资等各类纠纷案件,取得了良好的社会效果。但实践中证券投资纠纷调解也呈现出诸多难点:第一,证券投资纠纷专业化程度较高,有的案件争议事实和法律关系较复杂,不经过审理相关基本事实及法律适用标准,难以确定权利义务;第二,证券投资纠纷案件涉案标的额通常较大,囿于内部决策、年度审计、责任承担等原因,一些上市公司或金融机构参与调解

---

　* 德恒上海律师事务所律师。
　** 德恒上海律师事务所律师。
　*** 德恒上海律师事务所律师。
　**** 德恒上海律师事务所律师。

的意愿不强;第三,实践中投资者还常常面临调解协议虽具法律效力但执行刚性不足等现实问题。这些困境和难点阻碍了证券投资纠纷调解制度的实际运行效果。如何克服相关问题,进一步优化和发挥中证法律服务中心在调解解决证券投资纠纷案件中的职能,笔者认为可以从以下几方面做相应配套提升:

（一）进一步完善相关制度,保障调解机制的可执行性

1. 进一步优化中证法律服务中心的运行机制

中证法律服务中心是首个全国性证券期货纠纷公益调解机构,为中国证监会批准设立的我国唯一跨区域、跨市场的全国性证券期货纠纷公益调解机构。然而中证法律服务中心仅仅是最高人民法院与中国证监会在 2016 年联合确定的八个试点调解组织之一,其他的试点调解组织还包括中国证券业协会、中国期货业协会、中国证券投资基金业协会、中国证券投资者保护基金有限责任公司、深圳证券期货业纠纷调解中心、广东中证投资者服务与纠纷调解中心、天津市证券业纠纷人民调解委员会,但这些试点调解组织在法律性质、调解方式、调解程序等方面并未统一。

笔者认为,调解组织多元化能够给投资者提供更多更便利的救济渠道,但仍需合理的顶层设计方能避免调解组织"各自为政",促成各调解组织形成合力,加强对多元化解决证券期货纠纷机制的支持。笔者建议:一方面,应当以协同治理为理念完善各调解组织的职能分配。例如,可逐步将地方性的调解组织过渡转化为全国性调解组织即中证法律服务中心在地方的分支机构,承担所属辖区范围内的证券投资纠纷调解工作,全国性调解组织在收到相关区域性纠纷时,有权根据实际情况向各地的调解组织分配案件。另一方面,应由证监会以部门规章形式体系化整合各地区、各证券期货纠纷调解组织的实践成果并进行更大范围的推广适用,明确各证券期货纠纷调解组织在法律、行政监管层面的定位,各证券期货纠纷调解组织的运行机制、监管机制,各证券期货纠纷调解组织的受案范围、调解员的选聘、调解程序、纠纷双方的权责分配、调解协议效力及救济措施等内容。待时机成熟时,在前述证监会部门规章的基础上整合实践经验和规则,形成证券投资纠纷强制调解制度的统一立法。调解组织自身可以在结合法律法规规定以及总结实践经验的基础上发布更为细化的规则,以支持调解工作更加有效的落实实施[1]。

---

[1] 张艺、唐璐、冯辉:《证券投资纠纷强制调解制度的构建与完善》,载《投资者》2023 年第 2 期。

2. 进一步完善当事人参与证券投资纠纷调解的约束机制

根据证券法第 94 条第 1 款规定:"投资者与发行人、证券公司等发生纠纷的,双方可以向投资者保护机构申请调解。普通投资者与证券公司发生证券业务纠纷,普通投资者提出调解请求的,证券公司不得拒绝。"此强制调解制度可以视作是对普通投资者在纠纷解决机制选择上的"倾斜保护",但并未明确上市公司不得拒绝普通投资者提出的调解请求,且在证券法第 13 章"法律责任"中,并没有条文规定证券公司拒绝调解应承担何种法律责任。2020 年中国证监会制定《证券期货纠纷调解工作指引》(以下简称"《指引》"),根据《指引》第 23 条规定:"当事人无正当理由拒不履行调解协议,或者证券公司因不遵守证券法第九十四条关于配合普通投资者调解的规定被有关机关作出行政处罚或者处理决定的,中国证监会及其派出机构、证券期货市场行业组织可以依据中国证监会《证券期货市场诚信监督管理办法》相关规定将相关情况记入证券期货市场诚信档案。"但该《指引》属于规范性文件,效力等级较低,约束性也不强。现行有效的《上海证券交易所股票上市规则(2023 年 8 月修订)》第 4.1.6 条规定:"因上市公司欺诈发行、虚假陈述等信息披露违法违规行为导致证券群体纠纷的,公司应当积极通过证券纠纷多元化解机制等方式及时化解纠纷,降低投资者维权成本。"但该条规定为鼓励倡导性规定,亦无相应强制约束力和法律后果。

现行立法和规则在证券民事调解的保障和配套方面尚需加强和完善。笔者建议:① 从立法层面明确上市公司、证券公司等金融机构不配合参与调解的法律后果,督促其积极配合参与调解活动。可以将中证法律服务中心调解作为诉讼或仲裁的前置程序,投资者与上市公司、证券公司之间的证券业务纠纷,当事人可以先向中证法律服务中心申请调解,调解不成的,可以向人民法院或仲裁机构提起诉讼或仲裁;② 明确针对投资者与上市公司、证券公司之间的证券业务纠纷,上市公司、证券公司拒不配合参与调解的,证监会及其派出机构、证券交易所有权采取行政监管措施,情节严重的可以进行行政处罚;③ 将证券公司配合参与中证法律服务中心调解活动的情况纳入《证券公司分类监管规定》规定的评价计分体系进行考核,使其与证券公司评级挂钩,进一步督促其积极参与调解;④ 实践中,很多证券投资民事纠纷的责任承担和争议金额是比较明确的,但有些证券公司等金融机构不愿意进行调解,主要是顾虑现行监管体制下,接受调解可能会受到上级国有资产监管部门的质疑,甚至可能承担个人责任,但法院判决却不存在此类情况。基于此,建议建立证监会与国资委等国有资产监管部门的联动机制,即对于中证法律服务中心调解过程中确定的证券公司及其相关人员的责任,国资委等国有资产监管部门予以认可,避免因责任认定问题导致证券公司等金融机构不愿意参与调解。此外,在确立中证法律服务中心调解作为诉讼或仲裁的前置程序的同时,也应当进一步加强中证法律服务中心调解程序、调解人员、调解场地等规范性建设,提高承接调解案件的能力和质量。

(二) 切实提高中证法律服务中心调解结果的可强制执行性

除了明确中证法律服务中心的法律地位,厘清其在证券投资纠纷多元化纠纷解决机制中的角色和功能外,进一步赋予中证法律服务中心调解结果的可强制执行性,是充分发挥中证法律服务中心权威性的保障之举。

1. 中证法律服务中心调解结果执行的现实困境

根据《中证资本市场法律服务中心调解规则》,在中证法律服务中心调解下,纠纷双方可以达成调解协议,"该协议具有民事合同之性质"。将纠纷事项转化为合同项下的权利义务关系,固然为纠纷双方提供了明确的纠纷化解路径,理清了双方的权利义务,但由于该调解协议性质上仅为民事合同,实践中如果有当事人不按照调解协议约定履行合同义务,该纠纷事项最终仍需提交人民法院审理解决。这不但无法起到提高纠纷解决效率,节省司法资源的作用,而且还浪费了有限的调解资源,拖延了纠纷解决时间,同时有可能引发新的负面效应。

虽然根据《中证资本市场法律服务中心调解规则》第 47 条、《民事诉讼法》第 205 条、206 条之规定,纠纷双方在达成调解协议并生效后 30 日内,可以共同向人民法院申请对协议进行司法确认,经过该司法确认程序的调解协议,如一方未及时履行,则另一方可以据此向法院申请强制执行。但由于该确认程序需要纠纷双方共同向人民法院提出申请,因此如任一方怠于或故意不履行调解协议的,期望其自愿配合完成该司法确认程序、使其具有强制执行力很难实现。经笔者检索公开数据,由人民法院对于中证法律服务中心所促成调解协议作出确认的非讼程序案件寥寥无几,这也在一定程度上表明该程序在实务领域中的运用并不广泛。

正因如此,赋予调解协议不依赖于司法确认程序的可执行性,符合现实的需要,也有利于纠纷的快速解决,提升中证法律服务中心调解的权威性和有效性。

2. 赋予调解协议强制执行力的制度构建设想

笔者认为,赋予调解协议强制执行力,需要从法律构架、调解制度设计层面进行重新构建。

(1)调解协议的效力。根据现行《民事诉讼法》相关规定,可以直接申请强制执行的法律文书包括:法院作出的发生法律效力的民事判决/裁定/调解书、仲裁机构作出的裁决、公证机关依法赋予强制执行效力的债权文书等。在法律框架层面,如需赋予调解协议强制执行力,则首先需从立法或司法解释层面,将中证法律服务中心依据法律规定作出的合法、有效的调解协议,纳入可以作为强制执行依据的法律文书范围之内,确立调解协议的效力地位。在上述举措尚未落实的情况下,将调解协议进行公证,使其具有强制执行的法律效力可能是一个过渡性的有效方式。

(2)调解程序的要求。无论法院的判决/裁定/调解书,还是仲裁机构、公证机关作出的具有强制执行力的法律文书,因其具有可直接申请执行的强制力,在法律文书出具的程序环节,均有较高的法定要求,立法机关亦制定了《仲裁法》《公证法》等“法律”层面的规则予以规范。因此,如需赋予调解协议强制执行力,笔者认为除在实体法层面确立调解协议的效力地位以外,应设立由司法机关认可的调解程序,确保调解人员依法履行职责,保证调解过程的正当性、合法性。

(3)调解组织中立性的要求。中证法律服务中心作为投资者服务中心为行使纠纷调解职责设置的下属机构,尽管具有保护中小投资者的价值取向,具有社会公益性,但在具体调解过程中,其作为促进纠纷解决的“中间人”,应当保持中立性和公正性,“克制”偏向,要公平地对待纠纷各方主体,也应当尊重纠纷各方的意思自治。

(三)强化投资者服务中心的服务职能

1. 强化投资者服务中心服务职能的必要性

2016年,最高人民法院与中国证监会联合确定投资者服务中心为试点调解组织之一,投资者服务中心专门设立中证法律服务中心,行使纠纷调解职责。除纠纷调解外,投资者服务中心还承担其他服务职责,包括:① 面向投资者开展公益性宣传和教育;② 公益性持有证券等品种,依法以投资者身份自行或联合其他投资者共同行权。根据证券法第90条规定公开征集股东权利;③ 提供调解、损失计算等纠纷解决服务;④ 开展支持诉讼、股东直接诉讼及派生诉讼,参加代表人诉讼等诉讼维权工作;⑤ 中国投资者网站的建设、管理和运行维护;⑥ 调查、监测投资者意愿和诉求,开展战略研究与规划;⑦ 代表投资者,向政府机构、监管部门反映诉求;⑧ 中国证监会委托的其他业务。中证法律服务中心调解功能的发挥,亦在一定程度上受到投资者服务中心上述其他职责行使的影响。

在诉讼维权工作方面,根据公开信息查询,自 2014 年 12 月投资者服务中心设立至 2023 年 9 月底,投资者服务中心共申请发起特别代表人诉讼 2 起、支持诉讼 52 件、股东直接诉讼 1 件、股东代位诉讼 3 件,由此可见通过投资者服务中心诉讼维权的数量总体上较少,诉讼维权所起到的服务、保护中小投资者作用尚未充分发挥,尚未起到对于司法案件进行分流、提高纠纷解决效率的社会效果。

在公益性持有证券方面,投资者服务中心持有沪深交易所每家上市公司一手股票,行使质询、建议、表决、诉讼等股东权利,由于所持上市公司的股权比例较低,其作用主要是示范和指导中小投资者主动依法行权、依法维权,完善上市公司治理机制。除诉讼维权及公益性持有证券外,其他职责例如面向投资者开展公益性宣传和教育、调查、监测投资者意愿和诉求,开展战略研究与规划、代表投资者,向政府机构、监管部门反映诉求等,服务的范围和深度、实践效果均有很大提升空间。

笔者认为,目前投资者服务中心现有职能所发挥的实际效果相对有限,对中小投资者的服务和保护力度尚待提升,这也是上市公司、证券金融机构尚未将调解作为主要纠纷解决机制的原因之一。

2. 强化投资者服务中心服务职能的路径设想

笔者认为,直接赋予投资者服务中心行政处罚、采取监管措施等行政权力以促进服务职能的发挥是不适宜的,主要原因有:① 从性质来说,中证中小投资者服务中心有限责任公司系经中国证监会批准设立并直接管理的有限责任公司,其性质为证券金融类公益机构。② 从设立宗旨来说,投资者服务中心的设立目的是为了"以投资者需求为导向,扩充投资者知权渠道,丰富投资者行权方式,完善投资者赔偿救济维权手段,切实维护投资者的合法权益",也即投资者服务中心天然具有利益偏向性。据此,不宜直接赋予投资者服务中心以行政处罚、采取监管措施等行政权力,为加强对中小投资者的服务和保护力度,促使上市公司、证券金融机构重视并积极参与调解,建议可赋予其向证券交易所、中国证监会及其派出机构提出对相关事项处理建议的权力和追踪的职责。

针对投资者服务中心建议权的行使方式,投资者服务中心可在行使职责(包括但不限于纠纷调解、公益性持有证券、诉讼维权、接到投资者投诉举报等)时,若发现上市公司或证券金融机构存在违法违规行为线索或确有违法违规行为时,有权向中国证监会及其派出机构、证券交易所等监管机构书面提出调查等建议。中国证监会及其派出机构、证券交易所等监管机构收到书面建议后应当就建议内容进行调查核实,决定采纳相关建议的,应当在一定期限内正式立案并将最终结果书面反馈投资者服务中心;中国证监会及其派出机构、证券交易所等监管机构决定不采纳相关建议的,应当向投资者服务中心书面反馈初步调查核实情况和不采纳的原因。

三、结语

由于资本市场存在的信息不对称,中小投资者的权益易受损害。证券投资民事纠纷存在高发性的特点,调解机制作为纠纷解决机制的重要方式,具有低成本、高效率等优点,是维护资本市场健康发展的不可或缺的组成部分。随着相关机制和市场的进一步完善,笔者期待投资者服务中心及中证法律服务中心的证券投资民事纠纷调解机制能够发挥更大的作用。

互联网金融多元纠纷解决机制问题研究

——以金融风险行政处置与司法审判衔接为视角

廖清顺 *

互联网金融是互联网发展的深水区,互联网和金融深度融合产生的新物种,也是金融领域在互联网大数据时代创新的重要成果。互联网金融的发展过程中也凸显了巨大的风险隐患,出现了大量的互联网金融纠纷,相关的纠纷类型多样,对于纠纷的解决主要有金融行政机关监管和司法审判两种主要路径,但是金融行政监管与司法审判存在着衔接不畅、标准不统一、司法确认程序不完备等一系列问题,需要构建互联网金融多元纠纷解决机制,理顺金融行政监管与司法审判之间的关系,构建金融多元纠纷协同机制。通过对互联网金融纠纷类型、解决路径、具体表现、呈现问题等多方面的分析与检视,探索建立符合互联网特点和金融专业特点的互联网金融多元纠纷解决机制,打通金融行政监管与司法审判之间的壁垒,推动互联网金融"一站式"多元纠纷解决平台,有效提升互联网金融纠纷治理能力。

一、问题的引出——互联网金融多元纠纷解决难题

(一)概念辨析——互联网金融与多元纠纷解决机制

金融中介存在的重要原因之一是缓解储蓄者和融资者之间因信息不对称而引发的逆向选择和道德风险问题。[①] 一般来讲,有两类金融中介在资金供需双方之间进行融资金额、期限和风险收益的匹配:一是商业银行,对应间接融资模式;二是资本市场,对应直接融资模式。"互联网金融模式"被称为第三种金融融资模式。[②] 是运用互联网技术手段,特别是大数据、云计算、搜索引擎、移动支付等现代信息技术手段,在资金融通和其他金融服务等金融活动中进行系列创新实践的一种新兴金融模式。[③]

---

* 中国人民大学硕士,北京金融法院法官助理。
① 参见孙国茂《互联网金融:本质、现状与趋势》,载《理论学刊》2015 年 3 月。
② 参见董昀李鑫:《互联网金融的发展:基于文献的探究》,载《金融评论》2014 年第 5 期。
③ 参见何平平、车云月:《互联网金融》,清华大学出版社 2017 年版,第 2 页。

主要包括互联网支付、网络借贷等。[①]

多元纠纷解决机制是与传统的一元化化解矛盾的方式相比较而言的，由于当前矛盾纠纷主体的多元化、类型的多元化和诉求的多元化，化解矛盾纠纷的思路、方法、措施、途径等也应当多元化。诉讼和非诉讼解决方式形成互补的、满足社会主体多样需求的体制机制。多元纠纷解决机制是一个多方参与、社会协同、法治保障的矛盾化解机制。[②] 互联网金融纠纷形态多样，参与主体众多，容易引发系统性风险，互联网金融多元纠纷解决机制是充分考量互联网金融纠纷特点的综合性纠纷解决机制。

（二）现状综述——互联网金融纠纷现状检视

1. 互联网金融发展现状

金融市场本身具有创新的属性，拥有无限的创新的活力，结合互联网更新速度快，创新活力足的特点，互联网金融的创新主要是借助互联网这一载体进行的金融创新，实质上并未改变金融的本质。

与传统的金融模式不同，互联网金融以低成本、高效率、注重客户体验、风险特殊复杂多变、准入门槛低、参与主体广泛、普惠化等特点得到了金融消费者的青睐，尤其是得到了中小投资者的欢迎，尤其是借助互联网技术，实现了数据的实时更新，提高了数据交换的速度。在很大程度上解决了中小企业的融资难问题。[③]

2. 互联网金融多元纠纷解决现实需求

互联网不是法外之地，需要在法律的框架之下开展互联网金融创新。现代金融创新往往会衍生多重交易结构和更为复杂的金融关系，存在时空错位的特征。与一般商品交易钱货两清不同，金融交易中所引发的信息不对称情形非常严重而且普遍，如果完全依靠意思自治，无法有效解决信息不对称引发的欺诈、误导、虚假信息披露等问题。[④] 在现代风险社会中，现代金融风险具有很强的外部性，市场主体的金融交易所引发的风险容易外溢和传导，引发多米诺骨牌效应，一个环节产生金融风险，往往会持续传导引发大规模的金融市场风险，比如说传导全球的金融危

---

① 参见尹振涛：《互联网金融监管的法治化思考》，载《社会科学家》2019 年第 10 期。

② 十八届四中全会《中共中央关于全面推进依法治国若干重大问题的决定》将多元化纠纷解决机制改革纳入国家治理体系和治理能力现代化的战略部署。

③ 参见邓建鹏、黄震《互联网金融法律与风险控制（第 2 版）》，机械工业出版社 2014 年版。

④ 参见陈一稀：《互联网金融的概念，现状与发展建议》，载《金融发展评论》2013 年第 12 期。

机以及大规模的 P2P 平台事件。

二、问题呈现——互联网金融多元纠纷解决机制困境

（一）实然状态——互联网金融纠纷相关案例评析

通过在中国裁判文案由分布书网进行数据检索，输入关键词"互联网金融"，在不限定具体时间节点的情况下，显示有各类裁判文书 156 744 份，按照案由统计，具体分布情况如下：

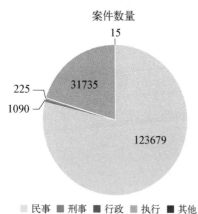

案件数量

■民事 ■刑事 ■行政 ■执行 ■其他

对民事案由进行进一步的统计分析就会发现，民事案由主要集中在金融借款合同纠纷、民间借贷纠纷、证券虚假陈述、委托理财合同纠纷等，基本上均涉及到互联网金融平台或者互联网金融公司，相关的法律关系复杂，纠纷涉及专业性强。

按照案件所在的地区统计，北京、上海等经济较为发达地区的该类纠纷占据较大比例，分别为北京 19 261 份、上海 13 693 份，两大城市相关裁判文书占据互联网金融类案件 20.1% 的比例，这也充分体现了互联网金融集聚效应的特点，追逐资本，更加青睐于经济较为活跃的大城市。

从裁判文书的类型来看，判决有 93 025 份，裁定有 62 605 份，调解书有 23 份，其他文书类型有 1 817 份。

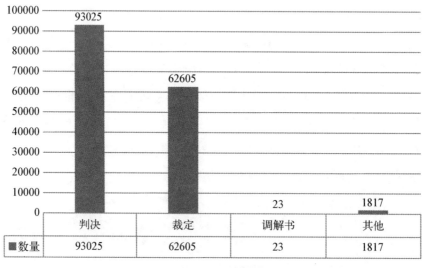

	判决	裁定	调解书	其他
■数量	93025	62605	23	1817

■数量

从以上数据可以看出,互联网金融纠纷案件多发,且主要集中在民商事纠纷领域,纠纷多以判决或者裁定的方式结案,调解案件的占比较小(虽然调解书的数量还不能真正反映调解的具体数量,但在很大程度上反映了互联网金融纠纷解决路径的实际特点)。

(二)问题检视——互联网金融纠纷解决困境

经过对以上案例的具体分析,我们可以发现互联网金融纠纷数量较多,存在多个纠纷解决主体,纠纷解决的方式以诉讼和行政监管为主,互联网金融面临信用风险、群体性纠纷众多等难题,较为突出的问题就是行政处置与司法审判之间的衔接不够顺畅,导致司法审判与行政风险处置的脱节。目前的互联网金融纠纷解决机制的主要问题呈现以下四方面问题:

第一,互联网金融风险预警机制不健全,体系化不足,风险防范缺乏整体性。互联网金融多元纠纷解决机制的重点不应当只是事后的救济,而应当更加注重事前的预防。互联网金融违法违规行为高发以及市场的一系列风险的出现,主要的原因就是没有建立起健全的金融风险预警机制,对可能产生的金融风险提前进行预警,分析研判,制定有针对性的风险化解方案。

第二,互联网金融行政处置与司法审判之间信息联系不畅,协同机制尚不健全。互联网金融出现违法违规行为之后,最先对其进行调查的往往行政监管部门,也掌握着最全面的案件信息,但是由于各个部门之间没有很好的建立协调对接机制,尤其是行政监管与民商事审判之间衔接不够畅通,这也导致互联网金融纠纷解决的整体效果不佳。

第三,互联网金融纠纷解决主体分散,难以形成有效的纠纷解决体系,纠纷化解合力不足。当前互联网金融纠纷治理方式主要包括行政监管、行业自律组织管理等几种形式,行政监管主要采用分业监管的方式,中国人民银行、证监会以及银保监会分别在各自的监管范围内进行有序监管,但是,互联网金融由于自身主体存在虚拟性、信息的传播速度快,投资主体往往较为分散,很难对其性质进行有效认定,难以避免的会出现一些监管的真空区域;另外,由于各个监管主体之间的监管行为缺乏有序的衔接和信息的整合,导致出现大量的重复性工作,并且会出现部分处罚之间存在矛盾的情形。比如说网络借贷平台的监管,由于其本身法律主体资格不明,且可能涉及的领域包含多重金融法律关系,在经营过程中就会出现各部门都有权监管,但又无人监管的状态,导致相关的纠纷难以得到及时有效的解决。

第四,互联网金融纠纷解决执行力度不足。法律的生命在于实施。同样在互联网金融领域,纠纷解决的效果有赖于具体的执行。当前,对于互联网金融机构及相关个人的处罚往往是停留在金钱方面,且金额相对于其巨大收益往往不值一提,最终的结果就是面对可能造成的违法违规处罚以及巨额的收益,在进行价值衡量之后,往往仍然会选择铤而走险。违法成本较低使互联网金融纠纷层出不穷。

(三) 原因分析——互联网金融多元纠纷解决机制缺乏

第一,缺乏构建互联网金融多元纠纷解决机制的系统意识。互联网金融纠纷呈现出主体多元、类型多元、专业性强、涉及面广。[1] 基于互联网金融纠纷多元化、专业化的特点,对于其纠纷解决机制的构建就必须梳理系统意识。当前,互联网金融纠纷解决主要有行政监管、行业自律、仲裁、诉讼给、调解几种路径,但是各个路径之间的协同联动却严重不足,各种纠纷解决的路径没有形成系统机制。

第二,缺乏互联网金融多元纠纷解决机制的具体载体。互联网金融多元纠纷解决需要建立在一定的载体之上,通过一定的平台对相关的纠纷解决提供具体方案。但是目前并没有统一的机制载体,相关纠纷的解决仍旧分散化的散落在不同的问题域内,需要构建一个系统化的多元纠纷解决机制平台作为该机制的具体载体。

第三,互联网金融运行中风险承担机制尚不健全,导致纠纷产生后责任难以准确认定。互联网金融的运行模式以及相关的规则标准还存在着严重不足。以互联网金融中问题比较突出的 P2P 网络借贷平台为例,该平台因借贷双方的广泛性,交易方式的灵活性和高效性,收益率较高的特点而受到推崇,但是因为该借贷平台主要面对的是中小投资者,呈现出分散和广泛的特点,并且客户往往缺乏有效的担保和抵押,平台和投资者也面临着高成本的线下尽职调查的缺失或者不够细致的问题。

第四,缺乏互联网金融多元纠纷解决机制法治保障。目前关于互联网金融纠纷治理和化解方面还主要停留在行政监管部门的一些零零散散的规定,重点往往是放在了事后的惩治,缺乏事前的有序引导和事中的有效管理。当前关于互联网

---

[1]　参见董建军:《当前金融纠纷争议处理现状与思考》,载《中国银行业》2018 年第 11 期。

金融纠纷化解的相关规范主要是在产生了大量的风险之后制定,并且大多为修补式的规范,没有形成体系化且相关的规范缺乏刚性约束,对于违法违规行为进行的处罚由于力度不足,并不能对违法违规行为进行有效的震慑和约束。

三、理论构建——互联网金融多元纠纷解决机制构建

（一）互联网金融纠纷多元化特点及产生背景

互联网金融有助于发展普惠金融,弥补传统金融服务的不足,将市场定位在小微层面,在小微金融领域有突出优势,填补了传统金融覆盖面的空白。[①] 同时,互联网金融有利于发挥民间资本作用,引导民间金融走向规范化、满足电子商务的需求、扩大社会消费、降低成本提升资金配置效率、促进金融产品创新等。但是由于中小企业的风险承受能力有限、合规体系不健全、缺乏有效的内部风险控制机制,再加上金融交易信息的披露不及时不全面,导致透明度风险持续增加,最终会导致系统性风险的产生,不利于互联网金融的健康发展,尤其是容易造成大量投资者损失,影响整个社会的和谐稳定。

互联网金融纠纷往往是呈现为系统多发,投资主体多、类型多样,纠纷解决的主体之间存在着较大程度的关联性,有着信息互通和协调配合的现实需求。

（二）互联网金融纠纷特点需要多元机制保障

由于互联网信息技术的不断发展,结合金融风险的隐蔽性、传染性、广泛性和突发性的特点,互联网金融系统性风险高发。当前的法律法规并没有对于互联网金融机构给出明确的概念界定,主体资格存在不明确问题。互联网金融高风险性及扩散性导致一个纠纷往往会诱发一系列纠纷,风险会进行快速传导,需要多元纠纷解决机制将相关的纠纷化解力量进行有效整合。

（三）金融多元纠纷协同机制建设具备相应条件

互联网金融行政风险处置的方式主要是首先进行相关纠纷的调查取证,根据调查取证的情况进行进一步的处理,其往往是能够掌握第一手的相关信息资料。而司法审判阶段往往也需要在前期调查的基础上了解纠纷的现状。二者之间存在协同机制构建的需要。另外,由于金融纠纷多元解决机制的不断发展完善以及信息技术等条件的不断完善,金融行政监管机关与司法审判存在协同机制构建的现

[①] 胡滨、范云朋:《互联网联合贷款:理论逻辑、潜在问题与监管方向》,载《武汉大学学报（哲学社会科学版）》2021年第3期。

实条件。当前,全国各地也陆续建立了行政监管机构与司法机关协同中心,取得了良好的效果。

四、改革路径——构建科学合理的互联网金融多元纠纷解决机制

（一）多元纠纷解决机制前端:谋事于未发,把好资格审核关

互联网金融纠纷多发且风险治理出现诸多难题的主要原因就是在互联网金融主体进入互联网金融市场的前端缺乏有效的规范,要从入口阶段就进行有效的规制,有效防范互联网金融纠纷的产生,从源头上控制互联网金融纠纷的增量。

1. 构建互联网金融有效的市场准入机制

构建互联网金融市场准入机制是有效在最前端入口处控制互联网金融风险的有效举措,具体可以从以下三个方面出发进行建构:

（1）明确互联网金融平台的权利义务。通过法律规范或者行业规范对相关的互联网金融平台的权利义务进行规定,比如说建立风控体系、定期进行信息披露、细化相关制度规范、经营范围应当在一定的领域内,不得跨领域从事非法融资等。

（2）建立互联网金融资格审查机制。对于从事互联网金融活动的组织或者机构应当具备相应的资质,经营相关的业务应当取得相关资质并且获得相关主管部门的许可,资格审查的重点就是相关的主体是否具有开展相关业务的资质水平以及信用等级等方面的信息。

（3）建立统一的互联网金融市场规范体系。对互联网金融市场可能出现的风险以及相关体制机制问题进行总结,制定互联网金融有效的进入和退出机制,实现互联网金融市场的良性发展。

2. 提高制度规范供给,强化互联网金融法律法规体系完善

要实现对互联网金融的前端规制,必须强化制度规范建设,通过制定专门的互联网金融法律法规,有效规范互联网金融主体行为,提高行为的可预期性。这部分需要结合互联网金融纠纷产生的具体特点、结合相关判例,通过司法社会功能的发挥推动相关规范的制定完善。

3. 强化司法指引,通过相关判决形成规则指引

完善互联网金融纠纷司法审判机制,提高专业审判能力,通过对一系列互联网金融纠纷的审理确定基本的行业规则、市场规范等具体指引。

（二）多元纠纷解决机制中端：重点在日常，做好常态化风险治理

在对前端资格审核进行严格控制的前提下，更需要关注的是事中的常态化治理，规范互联网金融的日常运行，具体可以从两个层面进行治理：

1. 建立常态化互联网金融评估和考核体系

根据互联网金融市场的具体特点，设置安全性、资金保障、风险指数、信息披露等多个评估考核指标，将相关指标设置一定的考核分数，定期对相关的互联网金融主体进行考核评估，确定考核层级，对于连续三次考核不合格或者不达标的互联网金融市场主体进行约谈或者采取暂停营业、停业整顿等处置措施。相关的考核信息要通过一定渠道进行公开，为互联网金融纠纷化解提供具体依据。

2. 互联网金融监管部门与司法审判有序衔接机制

由于互联网金融市场在运行过程中可能会产生一系列的纠纷，因此需要形成系统的多元纠纷解决机制，而居于主导地位的纠纷解决机制主要是金融监管部门与司法审判两种方式，强化两者之间的有序衔接和协调对接，能够丰富互联网金融纠纷化解的体系，形成多元化的纠纷解决新格局。

（三）多元纠纷解决机制后端：释放多元合力，形成治理组合拳

（1）加快构建新发展格局，防范化解信用风险，构建互联网金融信用考评和通报机制；互联网金融纠纷专业性强、标的额大、法律关系复杂且基于互联网的虚拟性和信息传输速度快的特点，信息安全问题严重，需要强化信息的其中的个人信息保护，形成风险评估机制；

（2）构建互联网金融群体性纠纷示范判决机制。对于虚假陈述、内幕交易、操纵市场等违法行为引发的群体性案件，选取在事实认定、法律适用上具有代表性的若干个案作为示范案件，先行审理、先行判决，通过示范判决所确立的事实认定和法律适用标准，引导其他当事人通过多元解纷机制化解纠纷。互联网金融由于参与门槛较低，投资主体众多且以中小投资者为主，一旦出现风险，就会产生群体性的纠纷，因此需要构建满足互联网金融群体性纠纷解决机制，引入示范性判决机制，对相关的纠纷进行司法确认，提高相关诉讼化解的效率，有效保护投资者的合法权益。

（3）优化互联网金融多元调解工作机制，引导当事人通过非诉讼方式解决纠纷，实现"案结、事了、人和"的最终效果。

（四）构建金融风险行政处置与司法审判多元纠纷解决协同平台

习近平总书记指出，全面依法治国是个系统工程，必须统筹兼顾、把握重点、整体谋划，更加注重系统性、整体性、协同性。

构建金融风险行政处置与司法审判多元纠纷解决协同平台主要是基于当前处理大量金融纠纷案件的需要。为进一步提高金融纠纷的处置效率，推动金融纠纷治理的合力。有必要在金融行政风险处置与司法审判之间构建多元纠纷解决协同平台，实现信息的共享，提高金融纠纷案件的处理效率和针对性。

证券公司自媒体直播展业风险防范路径研究

张洛榕*　　江苏婉**　　左　左***

一、监管要求

近年来,伴随着经纪业务竞争愈发激烈的趋势以及财富管理转型的大背景,证券公司对自媒体尤其是直播带货,表现出了极大的兴趣,不少公司及其从业人员也广泛入驻自媒体平台进行公司宣传、投资者教育、业务交流等工作。但由于直播活动的即时性和受众的不特定性,证券公司在抓取"流量"时也衍生出了合规风险、操作风险和声誉风险等一系列风险。

（一）证券公司自媒体直播业务的常见违规行为

经统计 2016 年至今涉及证券公司自媒体直播监管案例,主要处罚原因集中在以下五个方面:

1. 无资格展业

该类违规行为通常表现为证券公司员工在未登记为证券投资顾问的情况下,通过证券公司开设的直播账号或直接以个人名义,从事证券投资顾问业务,并且在直播过程开展板块和大盘分析活动,或向公众提供关于证券市场的分析、预测或建议行为,甚至存在推荐个股的行为。如 2023 年 2 月某证券公司员工无证券投资顾问执业资格,通过抖音直播形式向公众提供关于证券市场的分析、预测或建议行为,监管机构对该公司采取出具警示函监管措施。

2. 违反廉洁从业规定

该类违规行为主要表现为证券公司员工通过自媒体直播展业的过程中,通过收取直播打赏、直播会员订阅费、感谢费等方式谋取不正当利益。如 2023 年 4 月某证券公司员工在分支机构任职期间,实名通过抖音账号发布短视频、开展直播,通

---

* 　南京证券股份有限公司合规管理部员工。
** 　南京证券股份有限公司合规管理部员工。
*** 　南京证券股份有限公司合规管理部员工。

过收取直播打赏、直播会员订阅费、感谢费等方式谋取不正当利益,监管机构采取出具警示函监管措施。

3. 公开荐股或介绍私募产品

该类违规行为主要表现为以直播的方式,向不特定对象作出买入、卖出或者持有具体证券的投资建议,或者公开介绍私募基金产品的盈亏、新模型优势及产品客户情况。如 2023 年 11 月某证券公司及其员工在直播过程中存在推荐个股的行为,反映出该公司对员工从业资格、执业行为管理不到位,监管机构对其采取出具警示函的监督管理措施,并记入证券期货市场诚信档案。同年 12 月,某投资经理通过在网络平台上发布视频、直播的方式,向不特定对象介绍基金产品的盈亏、新模型优势及产品客户情况,监管机构对其采取出具警示函监管措施。

4. 虚假宣传

该类违规行为主要表现为证券公司通过互联网直播开展业务推广和客户招揽时,存在向客户承诺投资收益、对部分公司人员介绍存在误导性营销宣传等情形。如 2023 年 8 月某公司个别直播人员宣传非投资顾问的投资策略、线下课程和投资业绩,存在对服务能力和过往业绩的虚假、不实和误导性的营销宣传,监管机构对该公司采取了增加内部合规检查次数的监管措施,并对涉事员工采取监管谈话的监管措施。

5. 管控机制不到位

该类违规行为主要表现为证券公司在进行自媒体直播过程中,未对直播进行全程合规监测;未建立自媒体直播推广内容的内部留痕及保存机制;对自媒体账号的直播内容缺乏事中管控等。如在 2023 年 10 月和 11 月的处罚案例中,相关涉事公司在直播业务推广过程中,合规管理不到位,均缺乏应有的留痕和监测机制。

(二)证券公司自媒体直播业务的法律规范体系

当前,针对证券公司开展自媒体直播业务的法律规范体系横跨多个领域、包括多部法律法规。由于证券公司自媒体直播展业同时涉及证券行业与网络直播两个行业的经营与活动,系证券公司所开展的市场性行为,与多方主体存在着法律关系,因此在法律规范体系上覆盖了证券法律法规、广告法律法规、反不正当竞争法律法规、合同法律法规以及消费者保护法律法规等多层维度(如图 1 所示)。

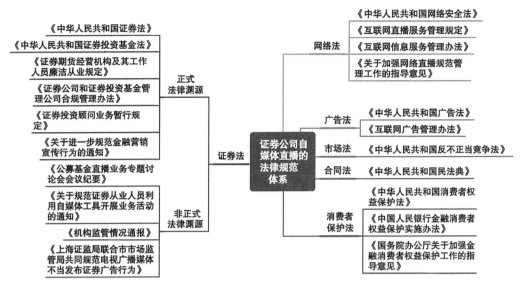

图1 证券公司自媒体直播业务的法律规范体系

因此,证券自媒体直播业务的法律规范体系中专项立法暂时缺位,存在缺乏针对性、不够细致等问题。同时,在法律层级上,现有监管规范法律层级较低,未能形成有效震慑。具体来说。除《证券期货经营机构及其工作人员廉洁从业规定》《证券投资顾问业务暂行规定》等综合规范证券行业本身的规定之外,其他专门针对证券公司自媒体直播展业的规范目前仅见于会议纪要、监管机构所发通知等业务规则。

表1 关于证券行业自媒体直播业务的业务规则内容梳理

规 范 对 象	规 范 内 容
投教或品牌宣传类	2021年中国证券投资基金业协会《公募基金直播业务专题讨论会会议纪要》,"直播内容为投资者教育或品牌宣传的,可以选择相对轻松活泼的形式,但不宜娱乐化,不得与国家相关精神、社会公序良俗相违背。"
产品营销推介类	2019年《关于进一步规范金融营销宣传行为的通知》,对金融营销宣传活动的禁止性行为、内控制度的建立等进行了细致的规定。
	2021年中国证券投资基金业协会《公募基金直播业务专题讨论会会议纪要》,"直播内容涉及基金产品宣传推介的,应注重体现基金行业专业性,严格遵守宣传推介相关法律法规。"
	2021年证监会机构部《机构监管情况通报(第86期)》中重申禁止以直播方式开展荐股行为,对券商及其人员的言论提出规范要求。并要求证券公司不得利用"大V"引流开户给奖励,对通过"直播"等方式,配合开展内幕交易、操纵市场等违法违规行为将严肃查处。

续　表

规范对象	规范内容
产品营销推介类	2021 年上海证监局《上海证监局联合市市场监督管理局共同规范电视广播媒体不当发布证券广告行为》中提出,部分证券投资咨询业务营销广告中的营销用语存在涉嫌不当提升收益预期、过度强化投资收益、弱化投资风险及利用二维码导流等情形,初步认为相关媒体涉嫌不当发布传播证券业务广告,相关投资咨询机构涉嫌存在不当营销的情形。
内部控制类	2021 年上海证监局《关于规范证券从业人员利用自媒体工具开展业务活动的通知》分别从证券从业人员的内部管理、员工利用自媒体开展业务活动的日常监控,以及加强合规宣导与合规管理三个角度提出了相应的建议。
	2021 年中国证券投资基金业协会《公募基金直播业务专题讨论会会议纪要》,建议与直播平台厘清权利义务关系、建立线上直播内容审核监督机制、对直播人员资质进行有效管理、关闭直播打赏功能、审慎展示基金业绩、加强直播内容的二次加工传播管控、以及对直播视频材料进行分类管理存档。

在监管主体上,现有监管规范尚未明确监管部门职责分工,对于特定的直播违规行为可能会存在多头混管情形。证券公司通过直播进行营销宣传活动时,在营销用语、表现形式、人员形象等方面,不仅需要遵循证券行业自身规范和执业行为的要求,而且还需要严格遵守广告法、反不正当竞争法等多重法律法规的要求,因此在监管主体上可能涉及证监系统、市场监管系统、网信部门等多重监管。

在规范体系上,当前监管规范依据尚未形成特殊性与普遍性有机结合的监管体系。以业务条线为角度,不同业务条线的直播营销活动涉及的法益不尽相同,在规范依据上应予区分,而目前尚未形成对各业务条线明确的、针对性的规范要求。同时,不同业务条线开展自媒体直播活动又存在其共性,均需要在事前事中事后的全过程规范直播行为,但目前也难以明确一套具有普遍适用性的标准,这些问题都亟待在新业态下探索出一套体系化的规范框架予以解决。

二、风险分析

（一）直播人员管理风险

1. 主播资质管理混乱

证券领域自媒体直播在主体资质上应当遵守证券行业监管规定。证券公司应组织安排具有证券投资顾问资质的人员,通过自媒体客观专业而审慎地对证券市场发表意见。但是对于投教、品牌宣传等非投顾类直播，目前还未形成明确的资质要求。另外，需要警惕证券公司开展外部合作所带来的风险，《机构监管通报》（2021 年第 12 期）明确了证券公司与所谓"大 V"开展合作活动的相关监管要求。但在直播展业实践中，"大 V"合作只是引流的形式之一，直播间内能否邀请嘉宾、能否聘请外部人员担任主播，以及应建立何种直播人员筛选培训机制，还有待在规范层面进一步厘清。

2. 自媒体账号统管监控难度大

对自媒体账号的统管是证券公司内部控制有效落实的关键一步。证券公司通常在相关平台实名注册后，通过企业后台的矩阵营销模块添加相关员工账号，以此实现企业账号与员工账号的绑定。但由于从业人员在自媒体平台上注册账号具有较强的自主性，继而引发的对于证券公司及员工自媒体账号的注册注销是否需要审批或报备、合规风控人员是否需要介入监测以及何时监测、证券公司是否可以做到有效留痕和风险提示等问题，都将导致证券公司的监控难度加大。

（二）直播受众的适当性管理风险

证券公司在向投资者销售产品或服务时应当履行投资者适当性管理义务，对投资者进行分级评估，并基于适当性匹配的原则推荐和销售产品或服务。而自媒体直播模式具有面向群体不特定且流动性大的特点，所以往往通过以下方式对投资者进行分级评估：① 要求投资者在第一次购买产品前填写线上测评问卷；② 在介绍相关产品或服务时于直播间明确产品或服务对应的风险等级；③ 在直播过程中全程做好适当性提示和风险揭示工作。

然而，自媒体直播形式下仍存在一定的适当性管理风险。首先，在直播间场景下，证券公司通常会先行介绍展示产品或服务，当投资者决定购买时再根据投资者分级情况进行匹配销售或风险警示。显然证券公司分级评估和营销行为的顺序变化可能导致证券公司消极履行适当性义务，淡化投资者分类环节的重要性。其次，证券公司在直播间内笼统介绍产品或服务时，难以识别并管理投资者身份，并不满足根据投资者风险承受能力等级进行适当性匹配的要求。因此，证券公司在进行自媒体直播过程中如何有效识别并管理投资者身份，是否需要进行分级直播，以及当投资者在直播间内购买产品或者服务时遭受损失能否依法得到救济，都是需要关注的风险点。

（三）与自媒体平台的合作风险

1. 客户个人信息及数据安全问题

个别自媒体入驻平台可能会要求证券公司提供客户开户信息和交易信息，以通过其大数据分析能力生成用户画像，分析用户交易习惯，进一步为用户提供精准推送和个性化推荐。另外，自媒体直播展业系统并未落地证券公司本地，存在数据接收、适用和存储等方面的安全问题。

2. 遵守平台内容发布规则

直播平台作为自媒体直播活动的重要主体，通常承担着积极的监管义务，包括事前的直播主体资质审查、事中的直播内容审查，以及事后的配合执法，因而平台往往会提出一系列要求。如在抖音平台上直播时不能直接展示二维码，否则会导致流量屏蔽或者封号；腾讯视频号直播规则对于研究员研报和投顾信息不做区分，采取一刀切的态度；微信官方《视频号金融科普类直播准入标准》①要求金融科普类直播必须真人出镜、不得对具体的行业或股票板块等进行分析预测、不得展示 K 线图等。同时，还要注意在此类平台与用户互动留言的合规性问题。因此，证券公司在自媒体直播展业需要特别关注各平台自身的规范要求，平台规则与行业监管规则，以及与行业特点之间的差异仍然要在冲突中逐步摸索。

（四）直播行为规范风险

自媒体直播作为展业依托的手段，所展示的内容实则决定着直播的行为边界。因此，在直播展业过程中，除对新型展业方式的规制外，对业务本身的监管规定也应当加以关注。

1. 直播形式关涉职业形象

一是直播画面。《树立证券行业荣辱观的倡议书》提出，要坚持珍惜声誉，反对损害形象。由于直播展业具有较强的公众性，直播人员在画面中的行为举止应当格外谨慎，厘清行为边界。对于采取相对轻松活泼形式的直播，要防止展业行为娱乐化，不得通过穿着奇装异服、在特殊地点直播等方式吸引流量，更不得与国家相关精神、社会公序良俗相违背。

二是直播话术。直播人员的临场发挥和互动可能造成话术与脚本不一致的情

---

① 参见《视频号金融科普类直播准入标准》，载微信官网，https://support. weixin. qq. com/cgi-bin/mmsupportacctnodeweb-bin/pages/4HTx8e3Pw7jVsNsq，访问时间 2024 年 2 月 1 日。

况,因此需格外警惕话术合规风险,防止出现承诺投资收益、误导性营销宣传等行为。同时,不得使用低俗、夸大、诱导性、煽动性标题或者用语,不得盲目追逐市场热点、吸引眼球,防止诱导、渲染极端情绪。此外,《证券投资顾问业务暂行规定》对于证券公司在通过网络对证券投资顾问业务进行广告宣传的行为提出要求,证券公司应当遵守《广告法》和证券信息传播的有关规定,宣传内容不得存在虚假、不实、误导性信息以及其他违法违规情形。

三是直播互动。直播具有实时互动的特点,直播人员往往会与在线观看用户通过发表评论的方式进行互动,评论也能够同步展示给其他用户,存在内容涉及不当宣传、引流第三方平台等合规风险。同时,部分证券公司倾向选用年轻员工作为出镜主播,年轻员工囿于专业能力和实践经验有限,在直播场景下应对不同用户提出的个性化专业问题,可能会触及合规"红线"。

2. 直播内容警惕违规营销

一是违规推介产品,即非法或超范围开展金融营销宣传,主要涉及公开荐股和介绍私募产品。《证券投资顾问业务暂行规定》禁止证券投资顾问通过公众媒体作出针对具体证券的投资建议,同时,结合证监会及中国证券投资基金业协会的有关要求,证券公司工作人员在直播中开展投资品种选择、投资组合推介等荐股行为也被明确禁止。此外,《私募投资基金募集行为管理办法》禁止公开或变相公开推介私募基金产品。因此,证券公司在直播内容的选择上应当严格遵守相关规定,防范违规营销宣传风险。

二是开展送礼营销。直播方为提高点击量和观看时长,往往会发放各类红包作为激励,或在互动游戏、答题等环节予以奖励。然而,现有规定明确要求不得采取抽奖、回扣或者送实物、保险、基金份额等方式销售基金,且不得直接或者变相向客户返还佣金、赠送礼品礼券或者提供其他非证券业务性质的服务。因此,直播间中发放的红包不得与销售活动混同或挂钩特定产品。落实到实操层面,在一场直播中如何严格区分投教环节和具体产品宣传推介环节,并对所发放红包予以明确定性,对于证券公司来说仍然存在操作风险。

三是谋取不当利益。证券公司在第三方平台进行直播时,还存在通过平台自身的打赏机制谋取不正当利益的风险。中国证券投资基金业协会发布的《公募基金直播业务专题讨论会会议纪要》明确要求直播人员不得收取观众打赏红包。同时，收取直播打赏或红包、直播会员订阅费、感谢费等行为也属于《证券期货经营机构及其工作人员廉洁从业规定》第 10 条所规定的谋取不正当利益的情形，在监管案例中已有相应处罚。此外，直播销售中的收费可能进一步发展为违规给予部分客户特殊优待，导致不公平对待客户，违反廉洁从业有关规定。

三、风险防范措施

自媒体直播的新颖性和复杂性，决定了证券公司在开展相关业务活动时要建立自上而下的行为规范和管理机制。结合前述监管规定和处罚案例，从业务开展环节为切入点，从事前、事中、事后三个环节提出以下合规建议：

（一）事前管理

1. 直播人员管理

持证上岗是证券行业的基本要求。自媒体直播内容可能涉及投资者教育或各类业务，直播人员至少应该是登记为一般证券业务资格的人员；对于涉及从事基金销售、期货 IB、证券投资顾问、分析师等业务的人员需要分别取得相应的专业资格。在此基础上，合理建立直播人员筛选、轮换机制，对直播人员名单进行监督管理。相关人员如发生登记资质类型变更或离职的情况，账号身份信息要及时进行变更。

2. 自媒体平台和账号管理

选取第三方自媒体平台时要建立准入机制。为了达到更好的推广效果，除公司自有网站或 APP 外，证券公司往往还会入驻第三方媒体平台，以公司主体名义建立自媒体账号，这也是当下主流的自媒体直播形式。在关注流量的同时，也要关注第三方平台的合规和舆论情况。比如，关注平台是否存在超合作范围的行为、是否存在违规情况或声誉风险等。

建立自媒体账号的管理机制。公司的业务部门、分支机构或者员工个人都会有申请开通自媒体账号的需求，建立账户的报备、审批和监督管理机制十分重要。公司和部门级自媒体账号要做好权限管理，账号密码变更、注册时登记的移动电话或邮箱等如果是员工个人，则要保证运营人员发生变动时，账号找回、防篡改等工作衔接稳定。内容发布、监测、检查、注销、处置等全过程均有管理制度及机制安排。

对于个人以公司员工名义申请自媒体账户的，要进行审批报备方可注册，禁止非实名注册，并要求相应人员签署自媒体展业承诺函。另外还要禁止个人私自开通自媒体账号展业,或个人注册账号提供给部门使用。

3. 直播内容管理

建立直播内容审核机制。除直播时间、直播平台的事前报备外,审核直播内容时应绝对禁止出现红线问题,如个股推荐。如对过往业绩进行展示,应说明计算口径,不能夸大、片面宣传,不得对服务能力和过往业绩进行虚假、不实、误导性的营销宣传,禁止以任何方式承诺或者保证投资收益。此外,对于涉及广告宣传的内容还应关注广告行业相关要求。

对于直播内容,需要厘清"投资者教育"与"证券投资咨询业务"的边界,投资咨询内容对于直播人员资质和内容有着更高的要求。投资者教育内容可面向社会公众发布,相关人员具备一般从业资格,内容仅限于法规政策、投资知识、行业动态等,投资咨询则为证券、期货投资人或者客户提供证券、期货投资分析和预测或者建议等直接或者间接有偿咨询服务的活动。因此,相关机构或个人在向投资者提供服务的过程中,形成有关具体证券、证券相关产品及证券市场的分析结论、做出走势预测、或向投资者或者客户提供投资建议的,无论其业务如何命名,均属于从事证券投资咨询业务。

内容审核不仅要做到业务层面的合规,还要结合舆情进行判断。需注意市场负面情绪渲染,关注舆情动态,并注意各平台内容审核规则。

(二)事中监测

1. 直播过程全程监测

在直播过程中,禁止奇装异服、卡通脸遮挡、不专业脚本内容或过分娱乐化;直播过程中同步展示风险提示、适当性管理内容,以及从业人员执业信息等;直播要有监督人员同步观看,确定直播内容不能偏离事前审核内容范围,对于不适当、不合规的内容要有干预管控措施;监测、管控等管理过程还应进行充分留痕。

2. 落实分类分级管理

投资者适当性管理是保护投资者的基础制度,其出发点是为金融产品或服务的双方主体确立相对平等的交易地位。在互联网营销已然成为大势所趋的背景下,转变传统的适当性管理体系是顺应新业态新形式的必然要求。因此,有必要建立多维客户信息网,通过大数据形成客户精准"画像",进而定向推荐产品匹配至具有相应风险承受能力的投资者。

在直播过程中应做好分类分级管理,严格履行投资者适当性管理职责。对于除投资者教育之外的直播内容,应设置相应的准入制度,在进入直播间前要求投资者实名参加风险承受能力测评,严格把好入口关。同时,直播画面应持续加强相关风险提示,例如"请投资者选择符合风险承受能力、投资目标的产品"等内容,在屏幕上全程简要显示所涉及产品的风险评级及适合的投资者范围等。

3. 直播系统相关设置

通过系统限制打赏或红包发放等类似功能,并对评论区进行有效管控。对于投教内容,知识付费的概念在行业内争议较大,目前证券投资咨询机构开展较为积极,但证券公司业务范围中并无此类收费业务,存在一定合规风险。因此直播时要关闭打赏功能,控制红包发放频率和额度。另外,对于评论区可以设置屏蔽关键词等措施,防止出现不适当言论引发舆论影响。

（三）事后监督

1. 直播内容记录保存

对直播内容包括监测过程完整留痕。直播内容可能涉及业务推广、业务服务或投资者教育,全过程各环节均应按照不同的业务规定予以留痕并保存,如投顾要求保存期限不少于 5 年、投教内容要求保存不少于 3 年、与基金产品相关的内容保存不少于 20 年等。特别是在第三方平台发布的信息、视频直播等信息需尤其关注留痕保存问题。

2. 合规检查和问责

对相关人员报备的与提供服务有关的聊天群、自媒体账号等,开展定期或不定期检查,避免报备流于形式。同时,可不定期对从业人员报备账号信息的准确性、是否有未报备的账号等情形进行抽查。相关业务管理部门定期开展自查,合规部门定期或不定期进行合规检查,对于存在合规问题的情形严格落实责任追究。

3. 持续合规培训

加强对证券从业人员的合规管理,通过持续性、针对性的执业培训和教育,督导证券从业人员在通过自媒体工具提供服务时,坚持执业原则,严守合规底线,恪守职业道德,提升合规意识。

四、结语

相比电视、短信、图文等传统信息传播载体,网络直播在信息量、推广范围、灵活性以及交流深度等方面都具有显著优势。让直播深度结合行业场景,助力投资者教育服务,将成为证券公司新的发力点。然而,证券公司在积极发展新业态的同时,对于投资者适当性管理风险、与第三方平台的合作风险及直播行为规范风险等问题也应当充分重视并审慎对待。证券公司通过自媒体直播展业时应始终围绕"合规、诚信、专业、稳健"的行业文化,树立专业可信赖的行业形象,以投资者教育为初心,充分发挥专业优势,引导市场树立长期投资、价值投资和理性投资的理念,以新兴业态赋能居民财富管理,促进市场稳定健康发展。

从司法判例探寻证券投顾业务纠纷调解思路

熊 倪[*] 周 勇^{**}

2023年10月30日至31日,在北京举行的中央金融工作会议强调,必须坚持党中央对金融工作的集中统一领导,坚持以人民为中心的价值取向,坚定不移走中国特色金融发展之路,加快建设中国特色现代金融体系,不断满足经济社会发展和人民群众日益增长的金融需求,不断开创新时代金融工作新局面。中央金融工作会议的召开为新时代资本市场高质量发展定向导航。

经纪业务是资本市场基础性业务之一,关乎千家万户的"钱袋子"。当前,随着居民资产保值增值的需求增强,经纪业务向财富管理转型升级成为各家证券公司适应市场发展变化、满足居民多元化金融服务需求的必然选择,甚至部分证券公司推出"全员投顾化"。

《证券经纪业务管理办法》《证券投资顾问业务暂行规定》等相关规定对证券公司及其投资顾问人员做好证券投资顾问业务[①](以下简称证券投顾业务)提出更高更细更实要求。由于资本市场主体以中小投资者偏多,其投资专业能力与抗风险能力偏弱,加之投顾服务水平良莠不齐,导致证券投顾业务纠纷时有发生。在处理这类纠纷中,调解机制具有着天然优势。而且,证券法进一步确认和发展了证券纠纷强制调解制度,即证券公司不得拒绝普通投资者提出的调解申请。这为调解制度充分发挥前置作用提供了立法支撑。

就调解本质而言,是平衡纠纷当事人之间利益,争取互谅互让,最终就调解方案所达成的合意。从司法裁判案例出发,归纳司法裁判的倾向性意见,学习吸收法院处理类似纠纷的思考要素,能为证券投顾业务纠纷调解及风险防范提供有益参

---

* 长江证券股份有限公司法律合规部员工。
** 长江证券股份有限公司法律合规部员工。

① 《证券投资顾问业务暂行规定(2020 第二次修正)》第 2 条规定,"本规定所称证券投资顾问业务,是证券投资咨询业务的一种基本形式,指证券公司、证券投资咨询机构接受客户委托,按照约定,向客户提供涉及证券及证券相关产品的投资建议服务,辅助客户作出投资决策,并直接或者间接获取经济利益的经营活动。"

考,具有一定借鉴意义。故本文从司法判例为出发点探寻证券投顾业务纠纷调解思路及前端控制。

一、证券投顾业务纠纷案例裁判要旨

（一）关于投顾服务费返还的问题

广州市中级人民法院在（2022）粤01民终4484号判决书①中,针对投顾服务费事宜做出了两个层次的认定：一是支持了一审法院关于某富投资咨询公司应向投资者退回未履行投顾服务期间对应的投顾服务费的判决;二是根据投资者提交的有关投顾人员授课视频和证监局作出的相关决定书等证据,认定该投顾人员在提供投资建议时,存在对服务能力进行不实、误导性营销宣传等行为,某富投资咨询公司提供的投顾服务存在质量瑕疵,其履行合同的行为违反了证监会规章规定和合同约定,应依据当时施行的《中华人民共和国合同法》第111条"质量不符合约定的,应当按照当事人的约定承担违约责任……",判决该公司以减少投顾服务费的方式承担违约责任。至于减少的投顾服务费具体金额,法院综合考虑投顾服务费总额、合同履行情况等因素进行酌定。

（二）关于投资损失的赔偿责任

通常,投资者在起诉时还会主张证券公司、证券投资咨询机构等投顾机构应承担其投资损失。针对这一主张,审判实践中基于个案具体情况而存在三种不同的裁判观点。

1. 裁判观点一

法院认为,如投顾机构从事投顾业务时不存在明显过错时,即机构方提供了投顾服务,但投资者仍享有最终决策权,故其应当自行承担投资产生的风险和损失。在广东省广州市中级人民法院（2022）粤01民终4484号案中,法院认定投资者徐某元基于独立的判断,自行决定证券投资并承担投资损失,不支持投资者要求某富投资咨询公司赔偿其本金损失的主张。证券投资属于风险较大的投资行为,即使是专业的投顾机构亦不可能完全准确预测投资标的将来的波动情况。在不能因为其推荐的投资品种出现上涨而向客户收取额外报酬情况下,投顾机构也不应因为其

---

① 参见中国裁判文书网,网址：https://wenshu. court. gov. cn/website/wenshu/181107ANFZ0BXSK4/index. html？ docId ＝ sRZgiDDe ＋ 6nhSUheStAwVp2QoENCpV8jErVtsJdRvziJmk1TG5ZI ＋ p/dgBYosE2gA0CKm5XTQCHyat ESuu9D96glkctiMwwMk0Y2Esd9abqtBJ2a3J90m3krGxCJVdDI。

推荐的投资品种出现下跌对客户承担赔偿责任,否则不但严重违反权利与义务对等原则,而且将具有决策权的一方的投资损失转嫁给了只有建议权的另一方,容易诱发道德风险。因此,法院认为,除非投顾机构存在与第三人恶意串通等行为,否则投资者不能仅以其按照投顾机构提供的投资建议操作发生亏损为由要求赔偿。

2. 裁判观点二

法院认为,只有违反证券法第 161 条[1]规定的禁止性行为且该行为与客户损失之间存在因果关系,投顾机构或投顾人员才需要承担赔偿责任。在湖北省武汉市中级人民法院(2020)鄂 01 民终 8395 号案[2]中,法院认为,投顾机构承担赔偿责任的前提条件是,其具有证券法所规定的上述禁止行为,且该行为与投资者的证券投资损失之间存在因果关系。该案中,所涉公司未按照《投资顾问协议》约定指定某一特定团队向投资者提供投顾服务,但鉴于证券投资市场的高风险属性和投顾服务的特点,不能因此而确定公司的违约行为与投资者魏某凤的投资损失之间存在必然的因果关系,故法院认定投资者以此为由主张投顾机构对其投资损失予以赔偿的理由不能成立。

3. 裁判观点三

如投顾机构在向投资者提供投资建议时,未按照客观谨慎、忠实客户原则履行义务,存在未履行风险揭示义务、向客户承诺保证收益、虚假宣传等欺诈投资者行为,法院认为投顾机构应根据过错程度,对投资者因其侵权行为所导致的损失承担相应赔偿责任。

在最高法院民二庭发布的 2022 年度全国法院十大商事案件中,投资者卫某武支付 37 万元购买某公司荐股软件,该公司邮寄了《服务协议》《风险揭示书》,但卫某武以协议内容并非双方原来商量的全部内容为由拒绝签字。期间,公司员工梁某元、王某勇以内幕消息为由诱导卫某武进行证券交易,明确建议购买两只股票,并多次要求按其指示操作,承诺翻倍收益,最终亏损 57 万元。之后卫某武投诉至深

---

① 证券法第 161 条:"证券投资咨询机构及其从业人员从事证券服务业务不得有下列行为: (一)代理委托人从事证券投资;(二)与委托人约定分享证券投资收益或者分担证券投资损失;(三)买卖本证券投资咨询机构提供服务的证券;(四)法律、行政法规禁止的其他行为。有前款所列行为之一,给投资者造成损失的,应当依法承担赔偿责任。"

② 参见中国裁判文书网,网址: https://wenshu. court. gov. cn/website/wenshu/181107ANFZ0BXSK4/index. html? docId = FoLm6CABDTgVozH + u6tuTJdbUmS/iSUVRdh2xYR68aFJcXsKqG6Jx5/dgBYosE2gA0CKm5XTQCHyat ESuu9D96glkctiMwwMk0Y2Esd9abqtBJ2a3J90m4a88FS8xMpL。

圳证监局,公司退还了前期支付的 37 万元荐股软件费。但卫某武起诉至法院,要求该公司赔偿其损失。法院认为,该公司未履行风险提示义务、投资者适当性管理程序,存在向客户承诺保证收益、虚假宣传、代客户作出交易决策等违反监管规定和行业自律规定的欺诈投资者行为,应赔偿卫某武因其侵权行为导致的损失。同时,卫某武亦对自身损失的产生存在一定过错。结合双方过错程度,酌定该公司对卫某武的投资损失承担 70% 的赔偿责任。

二、证券投顾业务纠纷法院裁判案例要素辨析

从上述案例看,法院在进行裁判时重点考量了以下几个因素:

一是回归证券投顾业务本源。投顾业务存在鲜明的特点:首先,投顾业务属于牌照业务,投顾机构及投顾人员应取得并保有特定资质,并严格在资质范围内展业。其次,投顾机构及投顾人员应加强合规管理,健全内部控制,防范利益冲突,切实维护客户合法权益,包括但不限于:应遵循诚实信用原则,勤勉、审慎地为客户提供证券投顾服务;应了解客户的身份、财产与收入状况、证券投资经验、投资需求与风险偏好,评估客户的风险承受能力,并以书面或者电子文件形式予以记载、保存等。再次,投顾机构及投顾人员作为提供服务一方按照约定提供证券、期货投资分析、预测或者建议等咨询服务信息,辅助客户投资决策。最后,投资者作为接受服务的一方应独立、自主决定是否接受相关咨询信息、建议和进行投资操作,独自承担投资盈利和亏损。投顾业务本质上是投顾机构提供意见,辅助投资决策,投资者应独立决策、自主决定,自负盈亏。投资者无正当理由的,无权要求投顾机构承担投资损失,以免转嫁投资风险。

二是"买者自负"的前提是"卖者尽责"。证券投顾业务属于中高风险业务,投顾机构对内应做好合规管理、风险管理及内部控制,对外应做好投资者适当性管理、风险提示、回访及过程留痕,确保投顾意见及投顾服务的合法合规合理性,不得存在欺诈行为。投顾机构可以《最高人民法院关于为深化新三板改革、设立北京证券交易所提供司法保障的若干意见》(法发[2022]17 号)第 13 条[①]作为参考,加强

---

① 《最高人民法院关于为深化新三板改革、设立北京证券交易所提供司法保障的若干意见》(法发[2022]17号)第 13 条:"依法规范证券投资咨询机构对新三板基础层、创新层和北京证券交易所市场的投资建议服务。对于涉新三板挂牌公司和北京证券交易所上市公司的投资者诉证券投资咨询机构民事赔偿案件的审理,应重点审查该机构及其从业人员是否具有资质服务资质、提供投资建议时是否按照客观谨慎、忠实客户的原则,对于证券投资咨询机构未向投资者提示潜在投资风险、向客户承诺保证收益、进行利益输送等违反监管规定和行业自律规定的欺诈投资者行为,应依法判令其承担相应赔偿责任,切实保护投资者合法权益。"

日常的投顾业务合规管理。第 13 条逐一罗列了法院审理涉新三板挂牌公司和北京证券交易所上市公司的投资者诉投顾机构民事赔偿案件的审查重点，包括该机构及其从业人员是否具有投资服务资质、提供投资建议时是否按照客观谨慎、忠实客户的原则，对于证券投资咨询机构未向投资者提示潜在投资风险、向客户承诺保证收益、进行利益输送等违反监管规定和行业自律规定的欺诈投资者行为。

三是区分违约责任与侵权责任。就投顾机构承担的民事责任而言，主要分为违约责任和侵权责任。对违约责任而言，法院需基于当事人之间签署的协议，在综合考虑咨询服务费总金额、合同履行情况等因素的基础上，酌定是否减少服务费用并要求投顾机构退还相应部分。对侵权责任而言，法院需从侵权责任构成要件入手，分析投顾机构及其投顾人员是否存在侵权行为、是否存在过错、以及侵权行为与投资者的损失之间是否存在因果关系等要素。需要注意的是，对比湖北省武汉市中级人民法院（2020）鄂 01 民终 8395 号案与最高法院民二庭发布的卫某武案的裁判观点，前者将投顾机构承担责任的情形仅限于其从事了证券法规定的禁止性行为；后者将投顾机构承担责任的情形进行了扩展，体现了司法对中小投资者的保护，同时作为最高法院公布的商事案件之一，更是反映了司法裁判态度。

四是培育理性投资者。正如最高法院民二庭发布的 2022 年度全国法院十大商事案件中专家学者的点评①指出，证券市场的交易公平以交易主体的理性判断为前提，卫某武案件判决亦体现对中小投资者的警示教育功能，即在充分保护投资者合法权益的基础上，对于盲目相信投顾机构虚假宣传，意图通过该方式获得远超理性投资的不当高额收益等有违证券市场公平交易原则的行为，司法裁判认定投资者应自行承担相应部分损失。因此，证券投顾机构应加大投教工作中教材、教案、教具、教员等方面的投入，帮助投资者提升专业能力与风险意识，以科学理性投资。

三、证券投顾业务纠纷案例对调解思路的启示

司法定分止争，是维护社会公平正义的最后一道防线，对纠纷的解决具有终局性。正是因为如此，司法裁判对类似纠纷的解决具有参考意义，并为证券纠纷调解提供有益借鉴。为加强中小投资者保护，从上述证券投顾业务纠纷案例裁判要旨看，如证券公司为被申请人时，证券投顾业务纠纷调解工作可从以下思路着手：

---

① 参见最高人民法院网站，网址：https://www.court.gov.cn/zixun/xiangqing/387081.html，访问时间：2024 年 4 月 15 日。

首先,了解投顾服务过程及服务质量与合同约定的匹配度。合同是当事人之间权利义务的约定,属适用于当事人之间的"法律"。证券公司及其投顾人员应按照合同约定提供投顾服务,如其提供的投顾服务偏离合同内容,则可能涉嫌违约,需承担违反合同约定的责任。

其次,考量证券公司履职尽责程度。调解过程中应多角度了解证券公司履职尽责情况,包括形式合规、实质合规情况。根据证券法第89条规定,普通投资者与证券公司发生纠纷的,首当其冲的是证券公司负有举证证明自身履职尽责的义务。同时,还要考量投资者主张的内容是否有相关证据支撑,监管是否对涉及相关纠纷的行为作出处罚,以此综合判定证券公司履职尽责程度。证券公司及其员工对投资者决策权的介入越深,或者对投资者决策的不当影响越多,证券公司的过错程度越大,需承担的赔偿责任越重。

再者,以理性第三人视角审视投资者行为。在证券投顾业务的结构设计中,投资者享有是否投资、如何投资的决策权、决定权。由于证券投资具有风险性和结果的不确定性,投资者在进行投资时,应具备理性第三人应有的注意和谨慎。当然,投资者是具体的个人,理性第三人的标准需综合考虑投资者自身投资经验、证券知识了解程度等多个层面。

最后,调解毕竟不同于判决,还需打好"感情牌",以调促和。调解是在法律框架内促进纠纷解决,固然离不开对事实的还原、对当事人责任的评判,但当事人之间互谅互让、重建信任更重要。因此,调解组织者不能被囿于此进行简单的严格的责任界定,而应引导双方当事人跳脱出当下的困境与紧张气氛,面向未来与希望,向求同存异、息争促和的方向努力,否则就失去调解的意义。

四、证券投顾业务纠纷前端控制的思考

党的二十大报告指出,在社会基层坚持和发展新时代"枫桥经验",完善正确处理新形势下人民内部矛盾机制,及时把矛盾纠纷化解在基层、化解在萌芽状态。这为证券公司加强投资者保护,源头防控投顾纠纷,促进金融高质量发展,提供了根本遵循与行动指南,今以下列示意图形象说明证券公司努力的路径与方法。

为加速经纪业务向财富管理转型,提升投资者金融服务获得感、幸福感、安全感,证券公司作为社会财富的"管理者"、金融创新的"领头羊"、资本市场的"看门人",可从以下方面双向发力、四轮驱动:

图 1　证券公司针对证券投顾业务纠纷前端控制路径

（一）认清形势趋势，提升政治站位

主动识变谋变，加强风险防控。一方面，随着经济金融的发展，我国已成为全球第二大财富管理潜力市场，居民投资意识及多元化理财需求快速提升，投资资金不断增加；另一方面由于经纪业务同质化竞争加剧，出现佣金率下滑、两融息差收窄、客户体验不佳等情况，亟须证券公司开发个性化定制化产品与服务，拓展经纪业务精度深度温度，推动财富管理向从无到有、从有到优、从优到精、从精到强转型，以助力解决居民日益增长的美好生活需要和不平衡不充分发展之间的矛盾。面对投顾业务，证券公司应大力提升投研能力、价值发现能力、资产配置能力、综合服务能力、风险防控能力，创建立得住、叫得响、用得好、传得久、经得查的投顾服务。同时，应建立健全权责一致、激励约束并重的风险防控机制，对投顾业务合规风险、法律风险、内控风险等，做到早识别、早预警、早处置、早消化，努力维护证券市场稳健发展。

（二）内练功夫强管理，外优服务重细节

证券公司应通过内强专业能力、外优客户服务，不断完善投资者知权、行权、维权保护全链条，推动投保工作从"扶智扶能扶技"向"增智升能强技"转型，实现自身与客户的双赢。

以做实投教为基，培育市场基础。《证券行业文化建设十要素》四个"有机结合"原则中提出,行业文化建设应与专业能力建设有机结合,通过培养专业精神和专业主义,不断提升专业附加值。证券公司应在投教工作的教材、教案、教具、教员、教法上加大投入,根据不同年龄、不同阶层、不同水平、不同风险承受能力的金融教育需求及其特点,进行难易分层及初级、中级、高级课程设计,通过精心规划,用心组织,贴心投教,构建全人全龄全程全面"四全"投教模式,做到既有教无类、全面推进,又分门别类、因材施教,还条分缕析、因龄助教,帮助投资者树立理性投资理念、增强专业投资能力、提升风险防控意识。

以投顾形塑为根,健全服务体系。证券公司可三管齐下,打造专业能力强、道德操守佳、服务水平优、客户评价高、社会效果好的投顾服务体系:一是建立健全客户个性化特色化定制化服务体系,着力改造重塑自身投研能力、价值发现能力、资产配置能力、风险防控能力,真正扮好"顾问"角色,切实发挥"顾问"质效;二是做实做细投资者适当性管理体系,提高客户分类分层分级精细化程度,迭代升级精准服务能力,推进投顾产品、投顾服务与客户情况更加适配;三是精心培育投顾人才队伍体系,通过走出去、请进来、向内挖潜、向外借力,深化教育培训、强化约束激励等多种方式,培养德技俱佳的投顾团队,为自身财富管理加分、为客户保值增值加油。

以积极评价为本,优化客户体验。"金杯银杯,不如老百姓的口碑",证券公司应探索建立健全以客户为中心、以客户资产保值增值为导向的绩效考核方式。在员工考核体系中,考虑增加客户满意度、客户资产收益类、存量客户留存率等维度的考核指标,推动投顾人员自觉提升服务,增加用户黏度。

以风险防控为重,加强源头治理。从2023年度投顾监管处罚案例看,无资格展业、不当荐股、适当性管理不到位、自媒体管控不力、风险提示不足、内控管理缺失占较大比例。证券公司应加强合规管理、合同管理、风险管理与内控管理,对内提升投顾人员的职业操守、合规意识和专业能力,对外向客户讲清释明投顾合同要素、注意事项,重点做好风险提示,必要时组织客户与投顾人员当面强调各自角色定位、底线行为及违约后果,助力客户明确责任边界、提升理性投资能力。同时,证券公司应建立健全证券纠纷多元化解机制,通过诉调结合促进客户息诉罢访,力争小纠纷不出营业部、中纠纷不出分公司、大纠纷不出公司总部,以切实维护投资者权益。

(三)培育服务文化,创树良好形象

当前,我国资本市场持股市值在50万元以下的中小投资者占比较高,投资理念不成熟、抗风险能力偏弱，决定着投资者保护工作的长期性、艰巨性、复杂性。证券公司应贯彻落实习近平总书记关于金融工作的重要指示，牢记"为人民服务"的宗旨，践行金融报国的使命，培育深耕服务文化，创树行业良好形象，从根源上减少纠纷发生的概率。

首先，树德立规，守正创新。道德规范、职业操守、守法合规是金融服务文化建设的核心。证券公司应通过建章立制、教育培训、监督检查、考核问责等途径，厚植高专业素质、高水平服务环境沃土，促进从业人员将"以客户为中心"的理念内化于心、外化于行。

其次，激励约束，标本兼治。证券公司可通过表彰先进、策励后进，梳理风险点、实施"回头看"等方式，促进从业人员以知促行、以行践知，养成自我教育、自我提高、自我完善的行为习惯，进而提升为客户提供专业、适切、高质的服务能力，满足客户对金融服务的多元化需求。

最后，虚功实做，积健为雄。金融服务文化建设是"润物细无声"的过程，需要时间的沉淀、经验的积累、效果的巩固。证券公司应立足长远，制订时间表、路线图，步步为营，稳扎稳打，积小胜为大胜。

中央金融工作会议拉开"加快建设金融强国"的序幕，证券公司及从业人员应提升政治站位，贯彻新发展理念，践行"五要五不要"中国金融文化特质，内强专业能力，外优客户服务，踔厉奋发，笃行不怠，不断谱写金融高质量发展新篇章。